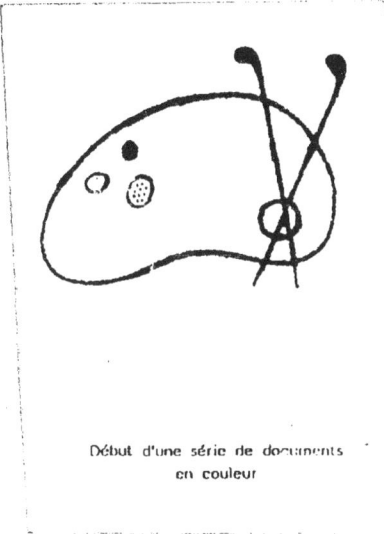

Début d'une série de documents
en couleur

Couverture inférieure manquante

EUDES

COMTE DE BLOIS, DE TOURS, DE CHARTRES
DE TROYES ET DE MEAUX
(995-1037)

ET

THIBAUD, SON FRÈRE
(995-1004)

PAR

LÉONCE LEX

ANCIEN ÉLÈVE DE L'ÉCOLE NATIONALE DES CHARTES
ARCHIVISTE DU DÉPARTEMENT DE SAONE-ET-LOIRE
MEMBRE CORRESPONDANT DE LA SOCIÉTÉ ACADÉMIQUE DE L'AUBE

TROYES
IMPRIMERIE ET LITHOGRAPHIE DUFOUR-BOUQUOT
Rue Notre-Dame, 41 et 43

1892

Fin d'une série de documents
en couleur

EUDES

COMTE DE BLOIS, DE TOURS, DE CHARTRES
DE TROYES ET DE MEAUX
(995-1037)

ET

THIBAUD, SON FRÈRE

(995-1004)

PRINCIPALES PUBLICATIONS DU MÊME AUTEUR

CONCERNANT LA CHAMPAGNE & LE GATINAIS

NOTICE SUR LES EMAUX LIMOUSINS DE L'ÉGLISE DE BAGNEUX. Sézanne, A. Patoux, imp. lib., 1880, in-12, 24 p.

LE *MODUS VISITANDI* DANS LE DIOCÈSE DE TROYES AU MOYEN AGE. Sézanne, imp. du *Courrier de Sézanne*, 1881, in-12, 16 p.

SÉPULTURES GALLO-ROMAINES ET FRANQUES DE BAGNEUX (MARNE). Arcis-sur-Aube, L. Frémont, imp. éd., 1882, in-8º, 7 p., 1 pl.

LES SIÈGES DE SÉZANNE, BARBONNE, PLEURS ET ANGLURE EN 1414, 1421, 1424, 1431 ET 1432. Sézanne, imp. lib. du *Courrier de Sézanne*, A. Patoux, 1883, in-12, 17 p.

NOTE SUR UN DENIER INÉDIT DE CHATEAU-LANDON ATTRIBUABLE A LOUIS VII (1137-1180). Paris, imp. de la *Revue de Numismatique*, Boudet, 1884, in-8º, 3 p., 1 fig.

MARTYROLOGE ET CHARTES DE L'ABBAYE NOTRE-DAME DU JARDIN-LEZ-PLEURS (MARNE). Troyes, imp. Dufour-Bouquot, 1885, in-8º, 36 p.

EUDES

COMTE DE BLOIS, DE TOURS, DE CHARTRES
DE TROYES ET DE MEAUX
(995-1037)

ET

THIBAUD, SON FRÈRE
(995-1004)

PAR

LÉONCE LEX

ANCIEN ÉLÈVE DE L'ÉCOLE NATIONALE DES CHARTES
ARCHIVISTE DU DÉPARTEMENT DE SAONE-ET-LOIRE
MEMBRE CORRESPONDANT DE LA SOCIÉTÉ ACADÉMIQUE DE L'AUBE

TROYES

IMPRIMERIE ET LITHOGRAPHIE DUFOUR-BOUQUOT
Rue Notre-Dame, 41 et 43

—

1892

A MES CHERS PARENTS

Hommage d'une profonde affection.

EUDES

COMTE DE BLOIS, DE TOURS, DE CHARTRES
DE TROYES ET DE MEAUX
(995-1037)

ET

THIBAUD, SON FRÈRE
(995-1004)

INTRODUCTION[1]

Eudes, comte de Blois, de Tours, de Chartres, de Troyes et de Meaux, fut sans contredit l'un des seigneurs les plus remuants et les plus belliqueux du XIe siècle.

Vassal du roi, il fit la guerre à son suzerain, combattit sans relâche contre le duc de Normandie, le duc de Lorraine, le comte d'Anjou, et tint tête à l'empereur d'Allemagne.

La fortune le trahit dans presque toutes ses entreprises, mais il n'en jeta pas moins sur sa maison un éclat qu'elle ne perdit point avec ses pâles successeurs.

[1] Nous nous ferions un véritable scrupule de ne pas nommer, avant d'entrer en matière, notre éminent confrère, M. d'Arbois de Jubainville, à qui nous devons d'avoir su tout le parti que l'on pouvait tirer du sujet de cette étude, et les excellents maîtres, MM. Giry, Roy et Longnon, qui, après avoir guidé nos recherches, ont bien voulu reviser ce travail. Nous les prions d'agréer l'expression de notre plus vive reconnaissance.

Il était allié au roi de France par sa femme, parent du roi de Bourgogne par sa mère.

On peut juger de la place qu'il occupait au milieu de ses contemporains par le bruit que fit sa mort[1].

Quelle que soit l'opinion qu'on prenne de lui, qu'on le regarde comme un scélérat[2], ou qu'on en fasse un autre Caton[3], il reste une des plus grandes figures de son temps : il met en échec l'autorité du roi[4] et la puissance de l'empereur.

La vie d'un tel personnage devait tenter la plume des historiens. Beaucoup d'ouvrages sur les provinces ou les villes lui ont consacré des notices : malheureusement, la connaissance des sources et l'esprit de critique y font absolument défaut. Ils ne méritent, ni d'être cités, ni à plus forte raison d'être combattus.

Le premier travail qui fasse réellement preuve d'érudition est l'*Histoire des Comtes de Champagne et de Brie*, par Lepelletier (Paris, 1753, 2 vol. in-12, t. I, pages 31-58). L'auteur s'en tient à la lettre des chroniques; il se distingue par de grandes qualités : la clarté et la précision.

Mais le véritable historien d'Eudes est M. d'Arbois de Jubainville qui, dans son *Histoire des Ducs et des Comtes de Champagne* (t. I, Paris, 1859, in-8°), lui consacre environ cent cinquante pages (188-355). Le récit n'est pas très serré. Il contient plusieurs erreurs graves. En outre, il n'est pas absolument

---

[1] Comme l'a remarqué M. d'Arbois de Jubainville (*Histoire des Ducs et des Comtes de Champagne*, t. I, p. 313), Dom Bouquet a publié vingt-sept chroniques qui en parlent.

[2] D. Bouquet, t. X, 27 A et 40 D.

[3] Id., t. X, 239 A.

[4] M. A. Luchaire (*Histoire des Institutions monarchiques de la France sous les premiers Capétiens*, 2° éd., Paris, 1891, t. II, p. 73), n'hésite pas à reconnaître qu'Eudes a été « le plus terrible adversaire qu'ait rencontré la royauté capétienne à son berceau. »

complet : quelques chroniques et beaucoup de chartes étaient inconnues à l'auteur.

En 1878, M. J. Landsberger présenta à l'Université de Göttingen une dissertation [1] dans laquelle il corrigeait M. d'Arbois de Jubainville sur quelques points et donnait des aperçus inédits.

Mais tout n'était pas fait. Un nombre relativement grand de chartes copiées dans les archives de la Touraine par les érudits du siècle dernier n'avaient pas été mises en lumière ; il nous a paru nécessaire de combler cette lacune.

De plus, l'interprétation faite par M. d'Arbois de Jubainville des textes des chroniques (D. Bouquet, tomes X et XI) nous a donné lieu d'ajouter à maintes rectifications quelques vues nouvelles.

Nous avons eu également sous les yeux quelques-unes des dernières œuvres de l'érudition allemande.

Kalckstein (Geschichte des Französischen Königthums unter den ersten Capetingern, Leipzig, t. I, — seul paru, — 1877, in-8°) consacre plusieurs pages à l'origine de la maison de Blois (480-1), à la mort d'Eudes Ier (454), au mariage de Berthe avec Robert (459).

Bresslau (Jahrbücher des deutschen Reichs unter Konrad II, t. I, 1024-31, t. II, 1032-39, Leipzig, 1879 et 1884, 2 vol. in-8°) parle des relations d'Eudes avec Guillaume, duc d'Aquitaine, et le roi Robert, en 1024-25 (t. I, pages 76-77), de la guerre qu'il soutint contre Foulques d'Anjou en 1025 (t. I, pages 109-111), de l'entrevue de Deville-sur-Meuse au mois de mai 1033 (t. II, page 483), etc.

Giesebrecht (Geschichte der deutschen Kaiserzeit, Brunswick, 1863, 2 vol. in-8°) rapporte (pages 272-81) la guerre pour la Bourgogne.

---

[1] Graf Odo I von der Champagne (Odo II von Blois, Tours und Chartres), 995-1037. Dissertation. Berlin, 1878, in-8°.

2

Enfin, M. Blümcke a publié, en 1869, sa thèse à l'Université de Greifswald (*Burgund unter Rudolf III und der Heimfall der burgundischen Krone an Kaiser Konrad II*, Greifswald, 1869, in-8°), où il étudie cette guerre jusque dans ses moindres détails (pages 57-73). Il consacre même un appendice (pages 83-92) à la vie du comte Eudes et à l'histoire de la maison de Blois.

Entre la rédaction des pages qu'on va lire et leur impression, les remarquables travaux de M. A. Luchaire (*Histoire des Institutions monarchiques de la France sous les premiers Capétiens*, 1re éd., Paris, 1883, 2 vol. in-8°, 2me éd., Paris, 1891, 2 vol. in-8°), et de M. Ch. Pfister (*Etudes sur le règne de Robert le Pieux*, Paris, 1885, in-8°; *De Fulberti Carnotensis episcopi vita et operibus*, Nancy, 1885 [1], in-8°) ont vu le jour. Nous avons encore pu bénéficier du fruit de leurs recherches.

. Des trente-quatre chartes que nous donnons comme pièces justificatives, vingt-huit sont inédites. Elles sont tirées en grande partie des recueils conservés à la Bibliothèque Nationale, et, par ordre d'importance : des tomes I, II et n, III, VII et XIIe de la *Collection de Touraine et Anjou*, de Dom Housseau; — des tomes II et IV du *Cartulaire de Marmoutier* (lat. 5441), formé par Gaignières; — du tome I (lat. 12878) des preuves de l'*Histoire de Marmoutier*, par Dom Martène; — des *Cartulaires de Saint-Julien de Tours* (lat. 5443) et de *Bourgueil* (lat. 17127), copiés par Gaignières; — du tome 77 des extraits de Baluze. Trois sont empruntées à la copie du *Livre noir de Saint-Florent de Saumur*, faite en Angleterre par A. Salmon (Bibliothèque de

---

[1] En même temps, notre confrère, M. L. Auvray, soutenait à l'Ecole des Chartes une excellente thèse sur « Fulbert, évêque de Chartres, de 1006 à 1028, et sa correspondance. » (*Ecole nationale des Chartes. Positions des thèses soutenues par les élèves de la promotion de 1885;* Paris, 1885, in-8°).

Tours, mns. 1171), et à son recueil de chartes de la Touraine antérieures à l'an 1000 (Ibid., mns. 1224).

Ceux de nos documents qui sont imprimés se trouvent dans : d'Achery, *Spicilegium,* éd. de 1723, t. III; — d'Arbois de Jubainville, *op. cit.,* t. I; — Auteuil, *Histoire des Ministres d'Etat,* t. I; — Besly, *Histoire des Comtes de Poictou,* Paris, 1647, in-f°; — Dr Bigot, *Histoire abrégée de l'abbaye de Saint-Florentin-de-Bonneval,* Châteaudun, 1876, in-8°; — Dom Bouquet, t. X; — Brussel, *Nouvel examen de l'usage général des fiefs en France,* Paris, 1727, in-4°, t. I; — G. Bry, *Histoire des pays et comté du Perche,* Paris, 1620, in-8°; — Champollion-Figeac, *Documents historiques inédits,* Paris, 1841, t. I; — Duchesne, *Historiæ Francorum scriptores,* 1636-49, t. IV; — Id., *Histoire de la maison de Montmorency et de Laval,* Paris, 1624, in-f°; — Id., *Histoire de la maison de Dreux,* Paris, 1631, in-f°; — D. *Fulberti opera varia,* Paris, 1608, in-8° ; — *Gallia Christiana,* tomes II, VIII, IX, X et XIV; — Guérard, *Cartulaire de Saint-Père de Chartres,* tomes I et II; — Labbe. *Alliance chronologique,* Paris, 1656, t. II; — Louvet, *Antiquités de Beauvais,* t. II, 1635, in-8°; — Mabille, *Cartulaire de Marmoutier pour le Dunois,* Châteaudun, 1874, in-8°; — Mabillon, *Annales ordinis Sancti Benedicti,* éd. de 1707, in-f°, t. IV; — Marchegay et Mabille, *Chroniques des églises d'Anjou,* Paris, 1869, in-8°; — Dom Martène, *Amplissima Collectio,* Paris, 1724-33, t. I; — Id., *Thesaurus novus anecdotorum,* Paris, 1717, t. I; — *Mémoires de la Société archéologique de Touraine,* tomes III et XII, Tours, in-8°, 1847 et 1861; — Migne, *Patrologiæ cursus, Series latina,* Paris, 1844-59, in-4°, t. CXLI; — *Nouveau traité de diplomatique,* Paris, 1750-65, in-4°, t. V; — Pfister, *op. cit.;* — Pillet, *Histoire de Gerberoy,* Rouen et Beauvais, 1679, in-4°; — Pithou, *Histoire généalogique des comtes de Troyes et de Meaux,* Paris, 1581, in-8°; — *Recueil de pièces concernant les pairs de France;*

— *Revue rétrospective*, t. IX, 2ª série, 1837, in-8°; — Salmon et Grandmaison, *Livre des serfs* et *Appendice*, Tours, 1864, in-8°; — Scheidt, *Origines Guelficæ*, Hanovre, 1751, in-8°, t. II ; — Tardif, *Monuments historiques, Cartons des rois*, Paris, 1866, in-8°.

Si les chroniques nous renseignent sur la vie militaire du comte, les chartes nous permettent de mettre particulièrement en lumière le rôle qu'il a joué vis-à-vis du clergé.

A ce récit, nous avons jugé bon de joindre, en manière d'appendices, quelques notes sur la *diplomatique* et la *numismatique* du comte Eudes.

Un *catalogue* contenant l'analyse de 75 actes, puis le texte de *34 pièces justificatives*, terminent notre travail.

EUDES

COMTE DE BLOIS, DE TOURS, DE CHARTRES
DE TROYES ET DE MEAUX
(995-1037)

ET

THIBAUD, SON FRÈRE
(995-1004)

———— ·☙· ————

Les renseignements que les chroniques nous donnent
sur l'origine de la maison de Blois ne sont pas très précis.
Suivant Richer [1], qui écrivait dans les dernières années
du Xe siècle, un certain Ingon, palefrenier du roi, s'étant
distingué en 892 contre les Normands, reçut d'Eudes, à
titre de récompense, le château de Blois. Il serait mort
environ deux ans après, laissant un jeune fils, du nom de
Gerlon, qui hérita, conjointement avec sa mère [2], du
domaine paternel [3].

---

[1] Liv. I, chap. IX-XII.

[2] M. d'Arbois de Jubainville (*Hist. des Comtes de Champagne*, I, p. 133)
dit que « Ingon épousa une femme que le roi avait répudiée. » C'est une erreur
qui résulte d'un contre-sens de M. Guadet, trad. de Richer, Paris, in-8°, 1845,
I, p. 31), accepté par M. d'Arbois de Jubainville. Le roi donna en mariage à
Ingon la veuve (*derelictam*) du précédent possesseur de Blois, lequel avait
été tué dans la guerre contre les Normands. (Cf. Richer, l. I, ch. XI.)

[3] Malgré l'appui que semble lui donner Raoul le Glabre, qui dit (Dom Bouquet,
X, p. 40 D) que les bisaïeux du père d'Eudes II étaient de basse extraction
(*obscuræ lineæ*), le récit de Richer nous paraît un écho de traditions
populaires. Lui qui, d'ordinaire, est si avare de renseignements généalogiques,
a bien pu recueillir la légende d'Ingon à Chartres, domaine de la maison de
Blois, où le chroniqueur séjourna en 991 (voir la note IV). Et même, il n'est
pas certain que Richer présente Ingon et Gerlon comme les aïeux de Thibaud
le Tricheur. Il les donne comme ayant eu le château de Blois, mais n'indique
pas leur descendance. Bien plus, parlant de Thibaud, il ne dit pas qu'il ait
jamais possédé Blois. La seule épithète dont il fasse suivre son nom est celle
de *Turonicus*. (Cf. Richer, l. II, ch. XLIII, XLVIII et l. III, ch. XX.)

Le moine de Saint-Bertin [1], qui ne rédigea sa chronique
qu'à la fin du xiiie siècle, nous révèle l'existence d'un
Gerlon, parent de Rollon, et comme lui duc des
Normands [2]. Le roi Charles le Simple, après l'avoir, en
912, vaincu, converti et marié, l'aurait autorisé à bâtir un
château sur la montagne de Blois [3].

Ce second Gerlon, *l'Art de vérifier les dates* [4] le consi-
dère comme le même personnage que « Thibaut ou
Thiébolt, mari de Richilde, Normand de naissance, suivant
Guillaume de Jumièges, et frère du duc Rollon, selon
MM. de Sainte-Marthe... Il s'étoit fait donner le comté de
Tours par les rois Louis et Carloman en traitant avec eux.
Dans la suite, il acquit [5] la ville de Chartres, avec son
territoire, du fameux Hasting, autre chef des Normands...
L'on voit qu'à sa mort, il étoit maître de Saumur. Peut-être
le fut-il aussi de Blois... Il fut inhumé à Saint-Martin de
Tours... Une ancienne notice, tirée de ses archives, porte
qu'il lui remit les coutumes... Elle ajoute qu'il fit encore
présent de deux couronnes d'argent au tombeau de saint

---

[1] Dom Bouquet, IX, p. 76 A-C.

[2] *Erant duo cognati duces eorum (Normannorum) quorum unus Rollo,
alter Gerlo vocabatur. (Loc. cit.)*

[3] Si Charles le Simple avait abandonné à Gerlon le pays Blaisois au même
titre que la Neustrie à Rollon, les chroniqueurs auraient-ils omis de signaler
ce fait certainement connexe au second, et comme lui négocié à Saint-Clair-sur-
Epte?
M. d'Arbois de Jubainville (I, p. 133) déclare que « le Gerlon de la chronique de Saint-Bertin et celui de Richer sont évidemment le même homme; il
y a là un synchronisme incontestable. » — Mais, outre qu'une preuve tirée
d'un simple synchronisme n'en est pas une, nous ferons remarquer que, d'une
part, d'après Richer, Gerlon est le fils d'un homme du roi de France, un
ennemi des Normands, un chrétien; d'autre part, d'après le moine de Saint-
Bertin, il est un chef normand, un ennemi du roi de France, un païen.
Cependant, M. d'Arbois de Jubainville trouve (p. 132) que le texte de Raoul le
Glabre, relatif à l'origine de la maison de Blois « s'accorde merveilleusement
avec les renseignements que nous donne la chronique de Saint-Bertin. »

[4] II, 611 et 612.

[5] En 904, suivant Aubry des Trois-Fontaines (D. Bouquet, IX, 63 A), et
non « vers l'an 890 », comme dit *l'Art de vérifier les dates* (p. 612).

Martin... Thibaud laissa de son mariage (un autre) Thibaud, Richard, qui fut archevêque de Bourges, et Gerberge, femme d'Alain Barbetorte... Richilde, mère de ces enfans, se fit religieuse après la mort de son époux [1]. »

Ce Thibaud de Tours [2], qui acquit Chartres de Hasting, en 904 [3], est peut-être le même que le Thibaud, vicomte de Tours, à qui les habitants de Saumur eurent affaire en l'an 900 [4], qui existait encore en 908 [5], et dont le nom figure dans des chartes de 905 [6], 924 [7], 925 [8], 931 [9] et 939 [10].

Suivant le chroniqueur Richard le Poitevin, « au temps du roi Raoul (923-936), un comte Thibaut était puissant dans les contrées du Blaisois [11] ».

---

[1] L'existence, au commencement du Xe siècle, d'un Thibaud autre que le Tricheur et père peut-être de celui-ci, n'est pas douteuse. Mais dire qu'il s'était fait donner le comté de Tours par les rois Louis et Carloman, c'est une hypothèse sans base. — De plus, les auteurs de l'*Art de vérifier les dates* commettent une erreur en lui attribuant la charte qu'ils empruntent aux archives de Saint-Martin de Tours. Cette notice doit être 'datée de 957 et se réfère au Tricheur. (Cf. Mabille, *La Pancarte noire de Saint-Martin de Tours*, p. 188, n° 149.)

[2] Aubry des Trois-Fontaines le fait déjà *comte*.

[3] Cf. Aubry des Trois-Fontaines (D. Bouquet, IX, 63 A) et Guillaume de Jumièges (Duchesne, *Hist. Norman. script.*, p. 228.)

[4] Cf. le très intéressant travail de M. E. de Lépinois (*Hist. de Chartres*, I, p. 433).

[5] *Mémoires de la Société des Antiquaires de France*, 1840.

[6] Bibliothèque Nationale. Baluze, mns., t. 76, f° 87.

[7] D. Bouquet, IX, 566.

[8] *Ann. Ben.*, éd. 1706, III, p. 384, ch. LXXIX.

[9] D. Bouquet, IX, 719. — M. Kalckstein (*Geschichte des Französischen Königthums unter den ersten Capetingern*, I, pp. 183, 216, 226 et la table) ne fait qu'un seul et même homme d. ce Thibaud et du Tricheur. — Il est à remarquer que Thibaud ne prend dans aucune charte le titre de vicomte de Blois, comme le donne à croire M. Kalckstein.

[10] D. Bouquet, IX, 722. — Cet acte a été mal daté par Mabillon qui le rapporte (*Annales Ben.*, III, p. 419) à l'année 940. Si, comme le disent les chroniques (D. Bouquet, IX), Louis d'Outremer a été couronné le 19 juin 936, la troisième année de son règne court du 19 juin 938 au 19 juin 939.

[11] Cf. une notice de M. Aubineau, dans les *Mémoires de la Société archéologique de Touraine*, 1845-7, p. 46. — *Richard le Poitevin* y est dit à tort *de Poitiers*.

C'est toujours à ce même personnage que fait allusion, suivant un historien tourangeau[1], le Tricheur, qui, donnant aux moines de Saint-Florent de Saumur la chapelle de Saint-Louand, près Chinon, dit que *son père* l'avait reçue en fief de l'archevêque de Tours.

Mais ce Thibaud est-il le père du Tricheur? Est-il seulement quelqu'un des siens? On l'ignore. C'est sur des hypothèses, qui peuvent être considérées comme très vraisemblables, mais sur des hypothèses seulement, que les partisans de cette généalogie basent leur système[2].

Il est mieux établi que Richilde, fille de Robert le Fort, est la mère du Tricheur[3].

Quoi qu'il en soit, Thibaud, surnommé *le Vieux*[4] et *le Tricheur*[5], est le premier seigneur de Blois[6] qui ait porté d'une façon certaine et continue le titre de comte[7]. Outre Blois, Thibaud possédait Chartres, Tours, Chinon et

---

[1] Chalmel, *Histoire de Touraine*, 1828, liv. IV, pp. 302-3.

[2] M. Landsberger qui, tout d'abord, expose l'état de la question d'après Richer et le moine de Saint-Bertin (n. 2), semble ensuite se rallier au récit du premier et exprime cette idée que les rois ont dû chercher à arrêter les invasions normandes en établissant sur les frontières des familles guerrières.

[3] Quelques historiens (cf. de Lépinois, *op. cit.*, p. 432) font épouser Richilde par Richard, comte de Troyes, de qui elle aurait eu Thibaud. M. d'Arbois de Jubainville (pp. 69-71) a prouvé que ce comte Richard était absolument imaginaire. — Le Tricheur serait né vers 923, suivant M. d'Arbois de Jubainville (I, p. 131); mais Richilde aurait eu 57 ans, pour le moins, à cette date.

[4] D. Bouquet, IX, p. 76 B. — Cf. d'Arbois de Jubainville, I, p. 135, n. 1.

[5] D. Bouquet, X, 27 A et 41 C. — Sur l'origine de ce surnom, cf. Landsberger, n. 5.

[6] Avait-il hérité de Blois? — Les historiens qui ne font qu'un de Thibaud, vicomte de Tours, et de Thibaud le Tricheur, lui font céder Blois, les uns par le roi Robert en 922, les autres par Hugues le Grand en 938 ou en 941. Mais sur quoi reposent ces assertions? Cf. Aubineau, *loc. cit.*

[7] La première charte où on le trouve est du 7 janvier 941. (Bibliothèque Nationale, D. Housseau, mns., t. I, n° 170.)

Saumur[1]. Laon[2], Montaigu[3], Coucy[4], Evreux[5] ne lui
appartinrent que temporairement. Par son mariage avec
Liégarde, fille de Herbert II de Vermandois[6], il acquit
encore divers domaines : Bray-sur-Seine[7], Chalautre-la-
Grande, en Champagne; dans le Vexin, Juziers, Fontenay-
Saint-Père et Limay[8].

---

[1] Cf. les preuves dans Landsberger, nn. 6, 7, 8, 9 et 10. — M. Landsberger a négligé de nous indiquer l'origine des droits de Thibaud sur Chartres.
Est-ce parce que M. Kalckstein (loc. cit., p. 481) les met en doute?

[2] Cf. id., n. 16.

[3] Cf. id., n. 12, et D. Bouquet, VIII, 169 C.

[4] Cf. id., nn. 17 et 21.

[5] Cf. id., n. 9.

[6] Etait-ce la veuve de Guillaume Longue-Epée, duc de Normandie, assassiné
en 942 par Arnoul, comte de Flandre, son beau-frère? — M. d'Arbois de
Jubainville renonce à cette opinion, qui est celle de tous les historiens, parce
que de son adoption résulteraient des particularités chronologiques inadmissi-
bles (t. I, p. 130, n. 2, et Bibl. de l'Ecole des Chartes, 1859, p. 397, n. 1.)
Les historiens allemands, Kalckstein (p. 214, n. 3) et Landsberger (nn. 5 et 13)
ont fait ressortir la faiblesse et la timidité de cette argumentation, qui ne tient
pas devant la clarté et la précision de Raoul le Glabre (D. Bouquet, X, 41 E-
42 A.) — Kalckstein, néanmoins, propose, d'accord avec Lappenberg (Geschichte Englands, Hambourg, 1837, II, 27), une solution aux difficultés
de dates : Guillaume aurait répudié Liégarde quelques années avant sa mort.

[7] M. d'Arbois de Jubainville nomme Melun, parce que Richer « nous
apprend que Melun appartint au grand-père d'Eudes Ier, comte de Champagne »
(p. 136, n. 2). Nous verrons plus loin qu'il faut dire Eudes Ier de Blois, et
que, dans ce cas, le grand-père en question est tout trouvé : c'est Herbert de
Vermandois. — M. Kalckstein (p. 255, n. 1), — dont l'opinion est suivie par
Landsberger (n. 11), — rejette Bray, sous prétexte que M. d'Arbois de
Jubainville a identifié par erreur Thibaud, comte de Blois, avec un autre
Thibaud, dominus de Centumliis, qui paraît dans la charte de fondation de
l'abbaye du Saint-Sauveur de Bray (cf. Gall. Christ., XII, 127). — La critique
de M. Kalckstein tombe d'elle-même, car M. d'Arbois de Jubainville s'appuie
sur la chronique de Saint-Pierre-le-Vif de Sens, qui, en parlant de Bray, vers
960, dit : ...... per deprecationem Tetbaldi comitis, sub cujus domi-
natione idem locus esse videtur.(D. Bouquet, IX, 35 D.) — Pour Chalautre-
la-Grande, con de Villiers-Saint-Georges (cf. Gall. Christ, t. II, Instr., col. 8),
M. Kalckstein (p. 255) dit, traduisant les termes mêmes de la charte, que ce
village est dans le pays de Maurepas (?). Le pagus Morivensis ou Mauripensis,
anciennement Mauriopensis, tire son nom du vicus Mauriopes, bâti sur le
mont Morvois près Pont-sur-Seine (Aube). Cf. A. Longnon, Géographie
de la Gaule au VIe siècle, Paris, 1878, in-8°, pp. 340-2.

[8] Cf. Landsberger, n. 11. — M. Kalckstein (I, p. 255) considère la possession

Thibaud le Tricheur mourut entre les années 974 et 977 [1], laissant de Liégarde trois fils et une fille [2].

Son premier enfant, *Thibaud,* est mort jeune, en 958 [3]. Il fut tué au combat de Hermentruville [4], que livra son père à Richard, duc de Normandie.

Eudes, le second, va nous occuper.

Le troisième, *Hugues,* fut archevêque de Bourges [5] et mourut en 985, suivant la chronique de Maillezais [6].

Enfin, *Emma*, sa fille, née vers 954 [7], fut mariée à Guillaume IV Fièrebrace, duc d'Aquitaine [8].

Eudes, Ier du nom, appelé par les chroniqueurs *le Champenois,* sans doute à cause des terres qu'il tenait du

---

de ces trois domaines comme douteuse. La charte de Liégarde, du 5 février 978, est cependant formelle (cf. Guérard, *Cartulaire de Saint-Père,* I, 63-5, et *Gall. Christ.,* II, *Instr.,* col. 7).

[1] Voir la note I.

[2] M. Longnon (*Atlas historique de la France,* Paris, 1884-89, in-4°, p. 221, n. 1), croit pouvoir lui attribuer un quatrième fils, Herbert III de Troyes, père d'Etienne Ier. Mais M. Lot (*op. cit.,* pp. 370-77), a essayé d'établir que cet Herbert III le Jeune était plutôt fils d'Albert de Vermandois, fils de Herbert II le Vieux et frère de Liégarde. Herbert III aurait été ainsi le cousin germain d'Eudes Ier de Blois, et non son frère.

[3] MM. Landsberger et Lot adoptent la date de 962 donnée par Flodoard (Pertz, *Monumenta Germaniæ historica, Scriptores,* III, pp. 405-6). Nous préférons celle de la chronique de Tours, qui est mieux précisée. C'est par erreur que D. Bouquet (X, p. 53 D) date comme Flodoard : Otton ayant été élu en juillet 936, la 23ᵉ année de son règne s'étend de juillet 958 à juillet 959. De même, Lothaire ayant été couronné en novembre 954, la 4ᵉ année de son règne va de novembre 957 à novembre 958. La dernière mention diplomatique que nous trouvions du jeune Thibaud est dans une charte de 957 : *Notitia.... Signum sanctæ crucis domni Tetbaldi comitis... Signum Tetbaldi filii ipsius... Data est ergo hujus notitiæ auctoritas... anno III° regni Hlotarii regis* (Baluze, 76, n° 215).

[4] Aujourd'hui Saint-Sever, faubourg de Rouen.

[5] Cf. *Cartulaire de Saint-Père de Chartres,* II, p. 351.

[6] D. Bouquet, IX, 9 C.

[7] Cf. Blümcke, p. 83, n. 4.

[8] D. Bouquet, X, 179 AB et 503.

chef de sa mère, hérita des possessions de son père, et, quoi qu'en dise M. Landsberger (pp. 11 et 15), les augmenta considérablement. L'agrandissement de son domaine, au contraire, paraît avoir été l'unique mobile de toutes ses guerres. Du vivant même de son père (965), il s'était emparé de Coucy, terre de l'archevêque de Reims, que celui-ci essaya en vain de lui reprendre [1]. Il se fit donner Dreux par le roi en 990 ou 991 [2]. Nous le voyons aussi maître de Meaux [3] et de Châteaudun [4]. Enfin, en 991, il occupa Melun [5] et Nantes [6], mais ne put les conserver.

Le dernier acte connu de son administration est une charte du 12 février 995 [7]. Il mourut cette année-là, vraisemblablement entre le 2 juin [8] et le 4 juillet [9], sous l'habit religieux, dans ce monastère de Marmoutier [10], où il avait opéré une si importante réforme [11].

---

[1] Richer, liv. III, ch. XX. — Flodoard, *ad ann.* 965.

[2] Richer, liv. IV, ch. XL.

[3] Avec le système de M. Longnon (cf. Lot, *op. cit.*, pp. 371 et 373), Meaux serait échu à Eudes Ier et Troyes à Herbert III, à la mort de leur oncle Herbert II, frère de Liégarde, entre 980 et 984.

[4] Richer, liv. IV, ch. XCIII.

[5] Voir la note IV.

[6] Richer, liv. IV, ch. LXXIX et LXXXI.

[7] D. Bouquet, X, 563 n. c et 567. La charte est publiée *in extenso* par Besly, *Hist. des Comtes de Poictou*, pp. 288-90. — Blümcke (p. 85) indique à tort le 6 février.

[8] Il devait vivre encore quand se tint le concile de Mouzon. (Cf. Richer, IV, ch. CIV.)

[9] Cf. Pfister, *op. cit.*, p. 48, n. 2.

[10] Suivant Richer (IV, XCIV), il *serait* mort à Châteaudun, puis, revêtu d'habits religieux, aurait été transporté à Marmoutier pour y être inhumé. Comme le chroniqueur n'a pas été témoin des faits, mieux vaut croire Eudes II, qui, renouvelant à Marmoutier la donation dernière de son père, rappelle les circonstances de son décès. (Cf. Mabille, *Cartulaire de Marmoutier pour le Dunois*, pp. 5-6.)

[11] Il avait remplacé les chanoines par des moines de l'ordre de Cluny. Cf. *Ann. Ben.*, t. IV, p. 42, et *Gall. Christ.*, XIV, p. 194.

Il avait épousé Berthe, fille de Conrad le Pacifique [1], roi de Bourgogne, et de Mathilde de France, fille de Louis d'Outre-Mer.

De ce mariage naquirent cinq enfants [2] :

Thibaud [3], II⁰ du nom, qui succéda aux fiefs de son père en 995.

Eudes [4], II⁰ du nom, qui fait spécialement l'objet de notre travail.

Thierry, dont nous ne savons qu'une chose, c'est qu'il était mort avant 1004 et qu'il avait été inhumé dans le chapitre de Saint-Père de Chartres [5].

Landry, qui est nommé dans une charte de l'an 1007 [6].

Enfin, une fille, *Agnès,* qui figure dans deux chartes sans date du cartulaire de Saint-Père de Chartres [7], et dans une autre de 1001 du cartulaire de Bourgueil [8]. Elle épousa Guy, vicomte de Thouars, à qui elle apporta en dot une grande partie du territoire de Saumur [9].

On ne possède la date exacte de la naissance d'aucun de ces enfants.

D'après un fragment de chronique, publié par D. Bouquet [10], suivant lequel Eudes aurait été encore enfant (*puerulus erat*) lors du mariage de sa mère avec le roi Robert en 995, on estimait qu'il était né vers l'année 983 [11].

Cette approximation se trouve être — dans une certaine

---

[1] D. Bouquet, X, 40 D et 210 C.
[2] Voir la note II.
[3] D. Bouquet, X, 568-9.
[4] Id.
[5] D. Bouquet, X, 370 E. — *Cartulaire de Saint-Père,* I, p. 103.
[6] Catalogue d'actes, n⁰ 21.
[7] T. I, p. 96.
[8] Cat., n⁰ 13.
[9] D. Bouquet, X, 295 C.
[10] X, 211 A.
[11] D'Arbois de Jubainville, I, p. 189, n. 1.

mesure — confirmée par une très intéressante charte du
3 mai 983 [1], dont les souscriptions sont ainsi conçues :
*Signum Odonis comitis… S. Berte comitisse… S. majoris
filii ejus Teutboldi. S. minoris filii ejus Odonis adhuc
in cunabulo quiescentis…* — De ce qu'Eudes était alors
encore au berceau, il y a lieu de conclure qu'il avait dû
naître cette année même ou en 982 au plus tôt [2].

Berthe ne resta pas longtemps veuve, car, à la fin de
l'année 996, elle était remariée avec le roi Robert [3].

Il est peu probable que la passion seule ait guidé ce
dernier dans le choix d'une épouse qui avait environ dix
ans de plus que lui [4]. Le jeune prince semble avoir été
circonvenu par les intrigues de cette mère qui, désireuse de
sauvegarder les intérêts de la maison de Blois, dont ses
fils étaient les représentants, met tout d'abord ses biens
sous la protection de Robert [5]; puis, pour s'assurer davantage cette protection, épouse le protecteur même.

Et cette mesure ne fut pas inefficace, car, à peine le
mariage conclu, dès le commencement de l'année 997 [6],

---

[1] Cat., n° 1.

[2] Dans un diplôme du roi Lothaire, qui, à la prière du comte Eudes, prend
sous sa protection l'abbaye de Saint-Florentin de Bonneval, on trouve les *signa*
d' « Eudes, comte, » et d' « Eudes, son fils ». Mais cet acte, qui est du 7
juillet 967, paraît avoir été refait au xi° siècle, et nous n'en avons qu'une
copie du xv°, insérée dans le *Breve Chronicon* de Bonneval (Archives départe-
mentales d'Eure-et-Loir). Il a été imprimé dans l'*Histoire abrégée de
l'abbaye de Saint-Florentin de Bonneval des RR. PP. Dom Jean Thiroux
et Dom Lambert*, publiée par le docteur V. Bigot sous les auspices de la
Société Dunoise, Châteaudun, 1876, pp. LXVII-LXIX.

[3] Voir la note III.

[4] Au total, elle en devait avoir trente, dit M. Pfister (p. 47, n. 4.)

[5] Richer, Pertz, III, p. 657, ll. 9-10.

[6] La date que nous assignons à ce siège de Tours cadre bien avec ce que
nous savons de l'histoire de cette ville. Il a dû certainement précéder la prise
et l'incendie de Châteauneuf (25 juillet 997). Cf. D. Bouquet, X, p. 225 D et
A. Salmon, *Recueil des Chroniques de Touraine*, Tours, 1854, in-8°, pp. 51,
218, etc.— D. Bouquet dit que les dates du siège de Tours *(anno DCCCCXCII,
— anno regni Roberti VI)* ne concordent pas. Le chroniqueur a pris pour
point de départ du règne de Robert l'année de l'emprisonnement de Charles de
Lorraine (991).

nous voyons le roi Robert entrer en campagne contre
Foulques d'Anjou, l'ennemi héréditaire d'Eudes Iᵉʳ.
Foulques, profitant sans doute du décès d'Eudes et de l'âge
de ses enfants, s'était emparé de la ville de Tours et du pays
environnant. Le roi les lui reprit de force[1].

Suivant Adémar de Chabannes [2], Audebert, comte de
Périgord, ayant pris la ville de Tours, la donna à Foulques
d'Anjou. Mais les intelligences qu'Eudes avait conservées
avec le vicomte et les habitants l'y firent rentrer peu après.

L'historien de Saint-Julien [3], lui, dit que la ville fut
assiégée et prise par Foulques, puis, peu après, rendue à
Berthe, mère d'Eudes II.

Le veuvage de Berthe avait été court, mais son union
avec Robert ne fut pas non plus de longue durée. Célébré
par Archambaud, archevêque de Tours, assisté de plusieurs
autres évêques [4], ce mariage fut ensuite cassé par Gré-
goire V, dans un concile général tenu à Rome, en 998 [5]
(juin-octobre). Il y avait deux cas de nullité : affinité spiri-
tuelle, parce que Robert avait tenu sur les fonts baptismaux
un enfant né de Berthe, — parenté à un degré prohibé,
parce que Berthe et Robert étaient cousins issus de
germains. En effet, Henri l'Oiseleur avait eu deux filles :
Gerberge, femme de Louis d'Outremer, mère de Mathilde
de France, mère de Berthe de Bourgogne, et Hadouide,
femme de Hugues le Grand, père de Hugues Capet, père
de Robert [6].

Le roi ne se soumit point tout d'abord. Il sut résister aux

---

[1] Richer, Pertz, III, p. 657, ll. 21-2.

[2] D. Bouquet, X, 146 BC. — Dans son *Index chronologique (ibid.,* p. LXXXIII), il rapporte à tort l'ensemble de ces événements à l'année 990.

[3] D. Bouquet, XI, 117 D. — A. Salmon, *op. cit*, p. 228.

[4] Labbe, *Sacrosancta Concilia*, IX, col. 772 C. — D. Bouquet, X, 492 D.

[5] Cf. Labbe, *ibid.*, col. 772. — Pour la date, cf. Pfister, p. 55, n. 4.

[6] Cf. D. Bouquet, tt. VIII et IX.

foudres de Rome et aux objurgations de son entourage[1].
Mais la pression prolongée dont il fut victime eut, à la
longue, raison de son obstination. Il renvoya Berthe en
1004, avant le mois de septembre[2], époque où celle-ci
avait rejoint ses fils à Blois[3].

Elle ne conserva de son passage sur le trône de France
que le titre stérile de *reine,* qu'on retrouve dans les chartes
jusqu'à l'époque où elle dut renoncer à l'espoir d'être
rappelée par le roi, c'est-à-dire jusqu'au troisième mariage
de celui-ci[4]. Cette renonciation ne fut cependant pas défi-
nitive, car on ne peut faire remonter qu'à Berthe l'idée de
ces voyages que fit Robert à Rome, en 1010 et 1016,
pour supplier le pape de l'autoriser à la reprendre[5].

Sur le rôle actif de Thibaud et d'Eudes, nous ne savons
que peu de chose. Il faut renoncer à croire qu'Eudes a fait
le siège de Melun en 999[6] et qu'il a pris les armes pour
Otte-Guillaume en 1002[7]. Mais à la suite d'une donation par le roi Robert à Marmoutier, *dans les premières
années du* XIe *siècle,* on lit que cette donation fut faite
devant Bourges que le roi assiégeait avec le comte Thibaud,
fils du comte Eudes. Le *signe* symbolique de la donation fut
une de ces grandes chevilles à l'aide desquelles on faisait
manœuvrer le gros treuil des balistes[8].

Malheureusement, les contemporains se taisent sur ce

[1] D. Bouquet, X, 107 B.
[2] Cf. D. Bouquet, X, p. 431, n. *b.*
[3] Cf. Catalogue, n° 14.
[4] Vers 1006 *probablement.* Nous savons, d'une part, que Robert laissa
s'écouler quelque temps après le départ de Berthe (D. Bouquet, X, 347 A), et
d'autre part, que Hugues, fils aîné de Constance, avait environ dix ans en
1017 (Id., *ibid.,* 38 D). — M. Pfister pense (pp. 63-4) que le roi était
remarié dès 1003.
[5] Cf. d'Arbois de Jubainville, pp. 236-9, et Pfister, p. 68, n. 2.
[6] Voir la note IV.
[7] Voir la note V.
[8] Cat., n° 17.

siège, qui ne semble guère pouvoir être rattaché à aucune des guerres de cette époque dont nous entretiennent les chroniqueurs.

C'est vers le même temps, l'an 1003, que Gibert, abbé de Saint-Père de Chartres, après avoir sagement gouverné cette abbaye pendant environ vingt années [1], tomba gravement malade [2]. Bien qu'avec toute sa lucidité d'esprit il eût conservé l'usage de la parole, un moine, nommé Ménard, escomptant sa fin prochaine, quitta nuitamment le monastère et courut trouver le comte Thibaud, qui était alors à Blois. Ménard, ami de Fulbert, le futur évêque de Chartres, de qui nous tenons tous ces détails [3], intrigua tant et si bien auprès du jeune comte que celui-ci, dès le lendemain, manda aux religieux de Saint-Père et aux chanoines de Chartres qu'ils eussent à le recevoir avec tous les honneurs dus à un abbé. Presque tous furent surpris autant qu'indignés d'une telle injonction. Ils répondirent que l'ambitieux qui, du vivant même du titulaire d'une abbaye, demandait celle-ci, ne pouvait légitimement, ni devenir abbé, ni être reçu comme tel, alors qu'il n'était pas élu par les frères dont il aspirait à prendre la direction, alors surtout qu'il s'était montré fait pour la vie séculière, bien plus que pour la vie monastique. Ménard, irrité, monte à cheval et court retrouver Thibaud, dont il excite la colère contre les moines.

Cinq jours après, Gibert mourut. Les religieux s'assemblèrent en chapitre avec les quelques chanoines qui y étaient habituellement admis. Tous se prononcèrent contre les tentatives de Ménard et résolurent d'envoyer au comte, sous la direction du doyen Raoul, évêque désigné, quelques

---

[1] Cf. *Gall. Christ.*, t. VIII, col. 1218, et *Cartulaire de Saint-Père de Chartres*, I, p. CCXLII.

[2] Cf. D. Bouquet, X, pp. 444-5, et *Cartulaire de Saint-Père*, I, 101-5.

[3] *Ep. II ad Abbonem, abbatem Floriaci*, dans D. Bouquet, *loc. cit.*

frères chargés à la fois de lui annoncer la mort de Gibert et
de lui demander la permission d'élire à ce dernier un
successeur. Dans l'intervalle, deux moines, prévôts tous
deux, Vivien et Durand, l'un ignorant, l'autre mal instruit,
sous prétexte qu'il était nécessaire qu'ils rejoignissent leurs
obédiences [1], et, malgré les défenses du doyen, allèrent
retrouver Ménard. Ils l'avaient déjà secrètement encouragé
et, mis par lui en présence du comte, à Blois, ils affirmèrent
faussement que les moines l'avaient élu.

Dès qu'il l'eut appris, Thibaud, satisfait, remit publi-
quement le bâton pastoral à son protégé. Mais les frères
qui étaient restés à Saint-Père s'émurent et rédigèrent, au
nombre de dix-huit, une éloquente protestation.

Le lendemain, Thibaud vint à Chartres. Il demanda qu'on
le reçût processionnellement à l'abbaye. Les moines y con-
sentirent, à condition que l'intrus ne l'accompagnerait pas.
Le comte, malgré son irritation, se contint ce jour-là ; mais
le suivant, il fit, avec ses gens, une soudaine irruption dans
le monastère et y installa Ménard par force. Une partie des
frères, à qui larmes ni prières n'avaient été d'aucun secours,
craignant, ajoute Fulbert, que la présence de Thibaud ne
les souillât, se réfugièrent dans la cathédrale. Ils trouvèrent
ensuite asile auprès de Herbert, abbé de Lagny.

Le 2 février suivant [2], Hervé, évêque de Nantes, consacra
l'élévation de Ménard à la dignité d'abbé. La cérémonie eut
lieu dans le faubourg de Chartres, en l'absence du clergé,
malgré l'indignation du peuple et l'opposition du légat de
l'archevêque de Sens. Ménard n'en resta pas moins à la tête

---

[1] Cf. *Cartul. de Saint-Père*, p. LXXXIV.

[2] Cela nous sert à dater et la lettre de Fulbert et les événements qu'elle
mentionne. Abbon, à qui elle fut adressée, est mort le 13 novembre 1004
(Cf. Mabillon, *Acta Sanctorum ordinis Sancti Benedicti, sæc. VI*, pp. 54-5).
D'autre part, la mort d'Eudes, évêque de Chartres, auquel succéda Raoul, eut
lieu le 25 août, non en 1004, suivant les auteurs du *Gallia Christiana* (VIII,
col. 1112), mais en 1003, comme l'a fait remarquer M. Pfister *(De Fulberti
vita et operibus*, p. 26).

du monastère durant de longues années [1]; il s'y distingua même par sa piété et sa modestie.

Dans l'intervalle, — après le mois d'avril 1004 [2], — Thibaud était allé en pèlerinage à Rome [3]. On sait qu'il mourut en route à son retour, — avant le mois d'avril 1005 [4]. Son corps, ramené sur un chariot, fut inhumé à Chartres, dans le chapitre de l'abbaye de Saint-Père, aux pieds de celui de son frère Thierry [5].

Eudes se trouva ainsi à la tête de tous les domaines de son père, et la disparition de Thibaud fit cesser l'espèce d'indivision qui semble avoir existé jusqu'alors, car, sans aucun doute, les deux frères étaient co-seigneurs à titre égal [6], sous l'administration de la reine Berthe [7].

Il avait vingt-deux ans. C'est probablement à cette époque qu'il épousa Mathilde, sœur de Richard II, duc de Normandie, laquelle mourut presque aussitôt, puisqu'il était remarié en 1005 [8]. Elle lui apporta en dot, outre de riches

---

[1] On n'était pas d'accord sur la date de sa mort (cf. *Gallia Christ.*, c. 1220, et *Cartul. de Saint-Père*, p. CCXLII). M. L. Auvray, dans une excellente thèse soutenue à l'Ecole des Chartes, en 1885, sur Fulbert, évêque de Chartres, établit qu'il faut la rapporter au 30 mars 1011. M. Pfister *(op. cit.,* p. 71, n. 5) a reproduit l'argumentation de M. Auvray.

[2] Cf. Cat., n° 15.

[3] Voir la note VI touchant une charte fausse qui donne à Thibaud le titre d'évêque.

[4] Ce décès suivit les événements précédents. — La pierre tombale, en raison de laquelle MM. Guérard *(Cartul.,* p. CCIV, n. 1) et de Lépinois *(Hist. de Chartres,* I, p. 49 et n. 2) le datent du 3) septembre 1003, ne mérite aucune créance. Elle est en contradiction formelle avec une charte que nous avons analysée. (Cat., n° 15.)

[5] Cf. *Cartulaire de Saint-Père,* I, pp. 103-104, et D. Bouquet, X, 370 E.

[6] Tous deux, en effet, se qualifient comtes, comme le feront plus tard, du vivant même d'Eudes II, ses fils Thibaud et Etienne. Cf. Cat., n° 62.

[7] Cf. d'Arbois de Jubainville, I, p. 191.

[8] Voir plus loin.

présents, la moitié de la ville et comté de Dreux[1], et des terres situées non loin de là, près de l'Avre.

Mais Mathilde n'ayant point laissé d'enfants, son frère réclama son douaire. Eudes refusa.

Richard appela des guerriers bretons et normands, les conduisit sur les bords de l'Avre et y éleva un donjon qu'il nomma en latin : *Castrum Tegulense*[2]. Il fut approvisionné aux frais d'Eudes lui-même, dont tout le domaine environnant fut mis à contribution. Puis, après y avoir placé une garnison sous le commandement de Niel de Coutances et de Raoul et Roger de Tony, Richard s'éloigna avec ses troupes.

Eudes, aussitôt, mande Hugues, comte du Mans, et Galeran, comte de Meulan[3]. Après avoir chevauché toute une nuit, ils arrivèrent au point du jour devant Tillières. Les gouverneurs de la place, quand ils les aperçurent, se précipitèrent sur eux et les mirent en pleine déroute. Eudes et Galeran s'enfuirent jusqu'à Dreux. Hugues, démonté, n'échappa à l'ennemi qu'à la faveur d'un déguisement.

Richard, encouragé par ce succès, envoya demander des soldats à Olaf, roi de Norwège, et à Lacman[4], roi de Suède. Les rois firent répondre qu'ils allaient arriver. Ils s'embarquèrent, en effet, mais le vent les ayant jetés sur les côtes de Bretagne, ils les ravagèrent.

Dans l'intervalle, le roi Robert avait imposé sa médiation aux deux partis belligérants. Il avait réuni l'assemblée de ses

---

[1] Et non la moitié du comté avec la ville de Dreux, comme dit M. d'Arbois de Jubainville. (I, p. 203.) — Cf. Guillaume de Jumièges : ...*Medietatem Dorcasini castri*. (D. Bouquet, X, p. 187 C.)

[2] Aujourd'hui *Tillières-sur-Avre* (Eure).

[3] Cf. d'Arbois de Jubainville, p. 204, n. 2.

[4] Il est inutile de faire sur ce personnage des suppositions comme en imagine M. Landsberger (n. 70.) C'est sans doute l'un des trois comtes qui gouvernèrent au lieu et place de Suénon, de l'an 1000 à l'an 1015. (Cf. *l'Art de vérifier les dates*, II, pp. 82-3.)

grands vassaux à Coudres [1]. Eudes et Richard y vinrent exposer leurs prétentions. Le roi mit fin au débat : Dreux fut donné à Eudes, et Tillières à Richard [2].

Quand celui-ci rentra en Normandie, il y trouva Olaf et Lacman. Il dut les combler de présents pour qu'ils consentissent à regagner leur pays avec les soldats qui les avaient suivis [3].

Ces événements paraissent se rapporter [4] aux années 1006 et 1007 [5], c'est-à-dire à l'époque qui suivit immédiatement la mort de Mathilde, première femme d'Eudes.

Nous trouvons donc le comte remarié en 1005, car cette année même, suivant Aubry des Trois-Fontaines [6], l'abbaye de Marmoutier fut restaurée par sa femme Hermengarde et

---

[1] Eure.

[2] M. d'Arbois de Jubainville trouve que le partage fait par Robert est une œuvre de « partialité ». — « Attribuer Dreux au comte Eudes, dit-il, c'était violer des droits incontestables » (p. 208). Cependant (ibid., n. 2), M. d'Arbois de Jubainville reconnaît que « Dreux ayant été quelque temps la propriété d'Eudes Ier, son fils aura eu de son chef des droits sur cette ville » — C'est pour avoir mal interprété Guillaume de Jumièges, comme nous l'avons fait ressortir (cf. ci-dessus), que M. d'Arbois de Jubainville est hésitant. Quand le roi donna le comté de Dreux en 990 ou 991 à Eudes Ier (Richer, l. IV, ch. XL), il ne lui donna que la moitié qu'il possédait. L'autre moitié était tenue par le duc de Normandie, et c'est elle qui fut plus tard la dot de Mathilde. Dans le partage, Eudes a conservé sa moitié, et Richard la sienne, dont le centre était probablement Tillières.

[3] D. Bouquet, X, pp. 187-8 et 213-4.

[4] On ne peut rien tirer de la place que leur assignent les annalistes qui nous en ont laissé le récit, parce qu'ils n'observent pas l'ordre chronologique des faits.

[5] L'Index chronologique du Recueil des Historiens de France (X, p. CXVI) les date de 1011. Cette année se rapproche de celles (1013-1014) qu'adopte M. Pfister (p. 215, n. 1), en prenant pour point de départ un passage de la vie d'Olaf, publiée par les Bollandistes. (Acta, juillet, t. VII, p. 114.) Ce texte ne nous paraît pas pouvoir servir de base à une donnée chronologique absolument sûre. L'argument tiré de la présence des comtes Hugues du Mans et Galeran de Meulan mériterait plutôt d'être pris en considération.

[6] D. Bouquet, X, p. 287 E. — Cf. les excellentes raisons opposées par M. d'Arbois de Jubainville (p. 209, n. 1) à l'Art de vérifier les dates (II, 614) et à M. Guérard (Cartulaire de Saint-Père, I, 96), qui datent ce mariage de l'an 1020.

par lui. Cette Hermengarde était fille de Robert, comte d'Auvergne, et de Hermengarde de Toulouse[1].

C'est peu d'années après ce mariage qu'eut lieu la première des guerres soutenues par Eudes contre Foulques Nerra, comte d'Anjou. Il était impossible qu'il en fût autrement, à voir la répartition topographique et le morcellement des domaines respectifs de ces deux puissants seigneurs[2].

La rivalité de la maison de Blois et de la maison d'Anjou, qui avait commencé avant Eudes II, ne se termina pas avec lui. Après s'être alimentée de prétentions réciproques sur la Bretagne, elle fut tout entière relative à la possession de Tours.

Nous avons vu déjà Foulques Nerra prendre ou obtenir cette ville, à la mort d'Eudes I[er][3]. Mais, poursuivant son dessein dès longtemps, il avait eu soin d'entourer petit à petit la place de forteresses qui l'isolaient et la commandaient de tous côtés.

On peut considérer la construction par Foulques, en l'an 1005, du château de Montrichard[4], sur les terres de Gédouin de Saumur et de l'archevêque de Tours[5], comme étant le point de départ des premières hostilités. On sait

---

[1] On a cru longtemps que Hermengarde de Toulouse et Constance, troisième femme du roi Robert, étaient sœurs, ce qui aurait fait qu'Eudes, après avoir été le beau-fils du roi de France (v. ci-dessus), en serait devenu le neveu par son mariage. Mais M. E. Mabille a établi que Constance était fille de Guillaume Ier, comte d'Arles, et non de Guillaume III Taillefer, comte de Toulouse. Cf. dans l'*Hist. générale du Languedoc*, de D. Devic et D. Vaissète, nouv. éd., t. IV (Toulouse, 1872, in-4°), la note XXIX et l'addition à cette note (pp. 148-161). — MM. Pfister (pp. 61-63) et Lot (pp. 361-9) sont arrivés par d'autres arguments aux mêmes conclusions que M. Mabille.

[2] M. d'Arbois de Jubainville (I, pp. 210-16) en a donné une fort intéressante et fort juste description.

[3] Cf. ci-dessus.

[4] Loir-et-Cher.

[5] Cf. Salmon, *Chroniques de Touraine*, p. 186, et D. Bouquet, X, 256 D.

qu'elles précédèrent de peu d'années le second [1] pèlerinage
de Foulques à Jérusalem, lequel eut lieu en 1010 ou en
1011 [2]. Elles paraissent, d'ailleurs, s'être bornées à des
incursions opérées de part et d'autre sur le territoire
ennemi. Eudes eut sous ses ordres, dans cette campagne,
un certain Arnoul, vassal de l'église de Chartres [3]. Nous
ignorons si Foulques, comme le pense M. d'Arbois de
Jubainville [4], tenta de s'emparer de Saumur. En tous cas,
Eudes, par précaution, augmenta les fortifications dont ses
prédécesseurs avaient entouré la ville et la munit ample-
ment d'armes et de vivres [5].

Pendant l'absence de Foulques, Eudes et ses puissants
alliés, Gédouin de Saumur, Geoffroy de Saint-Aignan [6], et
sans doute aussi Landry de Châteaudun [7], ne déposèrent
pas les armes.

Au bout d'un an et demi [8], quand le comte d'Anjou
revint, il chercha parmi ses vassaux des seigneurs capables
de l'appuyer efficacement. Nous lui trouvons, entre autres

[1] On regardait généralement ce pèlerinage comme le premier de ceux
qu'accomplit Foulques Nerra. Mais M. Mabille en a rapporté un, dans la
préface des *Chroniques d'Anjou* (pp. LXXIX-LXXX), aux années 1002 et
1003. M. A. de Salies, dans son *Hist. de Foulques Nerra, comte d'Anjou,*
Paris, 1874, in-12, p. 125 et *seq.*, et n. 67, a définitivement établi ce point.

[2] Cf. d'Arbois de Jubainville, I, p. 216, n. 2, et Pfister, p. 231, n. 4. —
C'est à la même époque — vers la fin de l'année 1010 (cf. Pfister, p. 287),—
qu'Eudes fit le pèlerinage de Saint-Jean-d'Angély, où l'abbé de Saint-Jean
prétendait avoir trouvé, dans l'église cathédrale, une boîte de pierre ren-
fermant le chef de saint Jean-Baptiste. (Cf. D. Bouquet, X, 156 CD-157 AB et
n. c.)

[3] M. d'Arbois de Jubainville (p. 217, n. 1) dit que cet « Arnoul d'Alluie se
rendit, avec le comte Eudes, à Léothéric, archevêque de Sens. » Les lettres
de Fulbert (cf. D. Bouquet, X, pp. 449 DE-450 AB) ne disent ni qu'Arnoul
portât le nom d'*Alluie*, ni qu'il se soit rendu à l'archevêque de Sens.

[4] P. 217.
[5] D. Bouquet, X, p. 264 D.
[6] Id., *ibid.*, 256 D.
[7] Id., *ibid.*, 253-4.
[8] Id., *ibid.*, 256 D.

partisans, Herbert Eveille-Chien[1], comte du Mans, Lisoie
de Bazougers[2] et Sulpice de Buzançais[3], trésorier de
Saint-Martin de Tours. Enfin à Hugues de Châteaudun,
archevêque de Tours, il opposa Hubert de Vendôme,
évêque d'Angers[4].

La guerre recommença bientôt par des représailles.
Après avoir détruit Nanteuil et Montrevault[5], qui apparte-
naient à Gédouin[6], Foulques rassembla une armée et vint
mettre le siège devant Châteaudun. Les habitants se défen-
dirent d'abord, puis, sur le soir, sortirent et mirent les
Angevins en déroute. Quand les vainqueurs se retirèrent,
Foulques se retourna, et, avec des renforts nouveaux,
tomba sur leurs derrières. Les assiégés, pris de peur, s'enfuirent en désordre : il y eut beaucoup de morts. L'armée
de Foulques passa la nuit à garder les prisonniers, parmi
lesquels il y avait vingt chevaliers. Le lendemain, elle ravagea le pays et, au bout de trois jours, prit le chemin
d'Amboise[7].

Elle s'y trouva en présence de Landry, qui y possédait
un donjon et qui, bien que vassal de Foulques pour ce
domaine, était l'allié d'Eudes, dont il tenait sans doute un

---

[1] D. Bouquet, X, 256 D.

[2] Id., *ibid.*, 255 B.

[3] Id., *ibid.*, 254 B.

[4] Id., *ibid.*, pp. 16 et 499. — D'Arbois de Jubainville, pp. 223-7. —
Ce dernier imprime à tort *Herbert* de Vendôme (p. 223). Il s'appelait
Hubert (*Gall. Christ.*, XIV, 558), ou *Humbert* (D. Bouquet, X, *Index
rerum*, p. 722.)

[5] Loir-et-Cher. — L'identification de Montrevault, qu'on aurait peine à justifier avec la phrase des *Gesta consulum Andegavensium* (D. Bouquet, X,
p. 256 D), est appuyée sur le texte des *Gesta dominorum Ambasiensium*
(D. Bouquet, X, p. 241 D).

[6] D. Bouquet, X, 241 D et 256 D. — Il serait assez difficile de dater exactement ces faits, qui doivent s'être passés entre les années 1012 et 1015. Le
désordre est aussi grand dans les *Gesta consulum Andegavensium* que
dans l'*Historia monasterii Sancti Florentii Salmurensis*.

[7] D. Bouquet, X, p. 254 DE.

fief à Châteaudun [1]. L'assaut fut si vigoureusement mené que la garnison se rendit. On laissa la vie à Landry et à ses hommes, mais le château fut détruit [2].

En 1015 [3], Foulques, pour qui Tours était toujours un objet d'ardente convoitise, vint bâtir devant cette ville un château que les chroniqueurs nomment *Mons Bruti* [4], *Mons Bridelli* [5], *Mons Bodiolus* [6], *Mons Budelli* [7], *Mons Buellus* [8], *Mons Boellus* [9], c'est-à-dire *Montboyau*, — mot tiré de l'aspect du terrain ou de la forme même du château.

---

[1] La chronique des comtes d'Anjou l'appelle *Landricus Dunensis* (D. Bouquet, X, p. 253 C.) Nous ne pensons pas que ce Landry soit le jeune frère d'Eudes qui aurait eu Châteaudun comme part d'héritage (d'Arbois de Jubainville, p. 219, n. 6). D'abord, il serait inexplicable, comme le remarque M. d'Arbois de Jubainville lui-même, qu'il ait possédé une partie de la seigneurie d'Amboise. Ensuite, peut-on concevoir que les chroniqueurs, parlant de son alliance avec Eudes, ne mentionnent pas, — réservé toutefois la question de bâtardise, — le degré de parenté qui l'unissait à lui ?

[2] D. Bouquet, X, p. 251 E.

[3] Cf. d'Arbois de Jubainville, p. 233, n. 1, et A. de Salies, *op. cit.*, p. 403, n. LXXXVII. — M. Landsberger (n. 82) estime que ce fort n'a été construit qu'après la bataille de Pontlevoy. Mais une preuve — oubliée par M. d'Arbois de Jubainville, — et qui est en faveur de l'opinion contraire, c'est qu'Eudes commença la campagne, qui aboutit à cette bataille même, par le siège de Montboyau. (D. Bouquet, X, 256 E.) — M. Pfister, de son côté (p. 240), croit devoir placer la construction de ce château vers 1023, pour « mieux s'accorder » avec les *Gesta consulum Andegavensium.* Mais le texte cité par M. Pfister (n. 1) est incomplet. Après le récit de la bataille de Pontlevoy (1016), on lit dans les *Gesta : Sequenti anno, cum Odo Campaniensis a duce Lothoringiæ impugnaretur*... *Fulco... oppidum in Monte Budelli statuit* (éd. Marchegay et Salmon, Paris, 1856, in-8°, p. 108). Ce serait donc à 1017 qu'il faudrait rapporter le fait pour être d'accord avec les *Gesta.* — Nous savons, d'autre part, que les hostilités qu'Eudes engagea avec le duc de Lorraine sont postérieures à cette date. Les données chronologiques des *Gesta* ne peuvent donc pas être prises au pied de la lettre.

[4] D. Bouquet, X, 283 C.

[5] Id., X, 257, n. *d.*

[6] Salmon, *Chroniques de Touraine*, p. 251.

[7] D. Bouquet, X, 241 A.

[8] Id., X, 265 D.

[9] Id., X, 267 C.

Celui-ci était bâti au confluent de la Loire et de la Choisille, sur la hauteur qui domine le pont que l'on appelle, d'un terme bien significatif [1], le pont *de la motte ou de la butte* [2]. Foulques a dû le détruire ; on n'en trouve plus même aujourd'hui le souvenir dans les noms de lieux dits [3].

Dès qu'il apprit la construction de Montboyau, Eudes rassembla dans le Blaisois des chevaliers et des sergents en grand nombre, et marcha sur ce château, dont la garde avait été confiée à Roger le Diable, seigneur de Montrésor. Foulques, à cette nouvelle, quitte Amboise [4] et accourt avec Herbert Eveille-Chien, son allié. Celui-ci se tenait un peu

---

[1] M. d'Arbois de Jubainville n'a pas identifié ce *Mons Budelli* à qui il conserve son nom latin (pp. 233, 263, 267 et *seq.*) M. Landsberger (p. 25) l'appelle tout simplement *Mont Brole*, — ce qui ne correspond à rien dans la topographie de cette contrée. Il a emprunté l'erreur à D. Bouquet (X, p. CXLI), qui la tient lui-même d'Adrien de Valois, lequel dit que *Mons Budelli* c'est « Montbrole ou Membrole ». Mais la situation de La Membrolle (Indre-et-Loire) — village bâti au fond d'une vallée et à une lieue et demie de Tours, — ne convient pas au texte rapporté par Valois lui-même : *Arcem in monte Budelli... ad urbem Turonos prominente.* (*Notitia Galliarum*, p. 524.)

Pour les mêmes raisons il faut repousser *Bueil* (C^{on} de Neuvy-le-Roy, Indre-et-Loire) que donne D. Martène (*Histoire de l'abbaye de Marmoutier*, t. XXIV des *Mémoires de la Société arch. de Touraine*, I, 266)

Labbe (*Nova Bibliotheca manuscriptorum librorum*, t. I, *Index*) s'éloigne plus encore de la vérité, lorsqu'il propose une interversion de consonnes : *Mons Dubelli. Mondoubleau* (Loir-et-Cher) est à 25 lieues au moins de Tours.

D. Bouquet donne tantôt *Montbrole*, tantôt *Montbudel.* (X, p. CXLI.)

[2] Commune de Saint-Cyr-lès-Tours.

[3] D. Bouquet, X, 267 C. — M. Chevalier en a donné une description dans la séance du 25 février 1874 de la Société archéologique de Touraine. (Cf. le *Bulletin*, t. III, 1877, pp. 4-5.) — Cf. aussi A. de Salies, *op. cit.*, pl. II, p. 95 ; pp. 169-73 ; pp. 401-3, n. LXXXV.

[4] M. d'Arbois de Jubainville (p. 233) dénature l'entrée en campagne. Foulques ne vint pas le premier assiéger Tours : c'est Eudes qui tout d'abord a pris les armes. Le *comte d'Anjou*, n'arrivant pas de Tours, n'eut donc pas à traverser Amboise, et quitta tout simplement (*discedens*) cette ville, où sans doute il résidait alors. — Cf. D. Bouquet, X, pp. 256-7 et 265 D, — passage auquel renvoie M. d'Arbois de Jubainville lui-même (p. 233, n. 2.)

en arrière et était encore sur les bords du Cher, à Bourré [1],
quand déjà Foulques touchait Pontlevoy. *Il se trouva en
face* d'Eudes le vendredi 6 juillet 1016 [2].

Après avoir adressé quelques paroles d'encouragement
à ses troupes, Eudes engagea le combat. Les Angevins
plièrent. Foulques lui-même tomba de cheval et, griève-
ment blessé, chercha son salut dans la fuite. Mais le comte
du Mans, apprenant ce désastre, vole aussitôt sur le champ
de bataille. Il trouva l'armée d'Eudes éparpillée : une
grande partie des hommes avait gagné le Cher et s'y
baignait au gué de Chissay [3]. Ce que voyant, Herbert atta-
qua l'aile gauche avec une vigueur telle qu'il y mit un
désordre complet. Les chevaliers d'Eudes qui avaient le
soleil couchant devant les yeux, prirent bientôt la fuite,
abandonnant les sergents à leurs propres forces : parmi
ceux-ci, il y eut six mille hommes faits prisonniers ou
laissés sur place [4]. *Les autres échappèrent au massacre en*
mettant un riche butin aux mains des troupes de Foulques,
qui revinrent à Amboise [5].

Jusqu'alors les rapports d'Eudes avec Robert avaient
été sinon amicaux, du moins pacifiques.

Nous avons dit *le roi intervenant militairement en faveur*
de son beau-fils, dès 997 [6]. D'autre part, nous avons établi [7]
qu'on ne pouvait à bon droit faire participer Eudes à la
guerre de Robert contre Otte-Guillaume au sujet de la

---

[1] C^{on} de Montrichard (Loir-et-Cher). — Cf. de Salies, *op. cit.*, pl. III,
p. 176, et pp. 400-11, n. XCI.

[2] Cf. d'Arbois de Jubainville, p. 234, n. 1.

[3] Loir-et-Cher.

[4] Trois mille morts, suivant le chroniqueur allemand Thietmar de Mersebourg
(Pertz, III, p. 851).

[5] D. Bouquet, X, 257 AB et 265 AB. — Cf. de Salies, *op. cit.*, pp.
404-7, n. LXXXIX.

[6] Cf. ci-dessus.

[7] Voir la note V.

Bourgogne. Aussi ne sommes-nous pas étonné de voir le roi
réconcilier en 1007 son allié avec son neveu [1], et en 1012
s'entendre avec ce dernier pour régler le différend qui s'était
élevé entre Gautier, châtelain de Cambrai, et Gérard,
évêque de cette ville [2]. En 1015 encore nous trouvons
Robert approuvant l'abandon fait par Eudes à Roger [3],
évêque de Beauvais, d'une partie du comté [4] de ce nom.

C'est aussitôt après cette dernière date qu'ont dû s'al-
térer les bonnes relations qui avaient existé entre le roi et le

---

[1] Cf. ci-dessus. — D. Bouquet, X, 188 D.

[2] D. Bouquet, X, 198 CD. — Landsberger (n. 93) met en doute l'identité
d'Eudes de Blois et du *comes Odo* dont parle le chroniqueur. S'il se fût agi
d'un autre personnage du même nom, on l'eût probablement différencié par un
qualificatif.

[3] Il a été pris à tort par D. Bouquet (X, 95, n. *b*) et les frères de Sainte-
Marthe (*Gallia*, IX, col. 705) pour un frère d'Eudes. Cf. Landsberger, n. 67,
et Pfister, p. 47, n. 2.

[4] Cat., n° 26. — Comment Eudes possédait-il le comté de Beauvais? Il le
tenait peut-être du roi, qui a pu l'en investir après la mort de *Hugues, son
comte du palais* (cf. D. Bouquet, X, 27 D). C'est l'opinion de Blümcke
(pp. 85-6 et 89-90), qui propose de voir là aussi *l'origine du titre de comte
palatin* porté par les comtes de Champagne. Cette hypothèse, en tous cas,
justifie la forme de tradition adoptée par Eudes, qui rendit préalablement
ses droits au roi.... *Divisionem comitatus nobis reddidit*.... (D. Bouquet,
X, 598 B). Mais M. H. Labande, dans son *Histoire de Beauvais et de ses
institutions communales jusqu'au commencement du XVe siècle*, qui
est actuellement sous presse et dont il a bien voulu nous communiquer les
épreuves, nie que Hugues ait jamais été comte de Beauvais (pp. 26-7). —
M. d'Arbois de Jubainville (p. 189) fait sans raison Eudes Ier comte de
Beauvais. — M. Pfister (p. 66) ne nous paraît pas plus fondé à dire que le
comté appartenait à la maison de Blois en 1008, l'année où Hugues fut assassiné. Le diplôme de 1015 seul (D. Bouquet, X, 597-8) mentionne Beauvais
comme étant à cette époque entre les mains d'Eudes II. — M. H. Labande a
fait remarquer que *l'échange* de la ville de Sancerre contre cette partie du
comté de Beauvais était mentionné pour la première fois au xiie siècle par un
continuateur de Sigebert de Gembloux (D. Bouquet, X, 288 A). Il a, en outre,
établi contrairement à *l'opinion générale* (cf. Longnon, *Atlas historique*,
p. 221), que « les évêques gagnèrent le comté de Beauvais par des acquisi-
tions successives, commencées dès le ixe siècle, sur les comtes laïques... (Le)
diplôme de 1015 a été mal interprété... Le comté de Sancerre n'a pas été
échangé, et les biens donnés gratuitement par Eudes étaient loin de com-
prendre tout le comté. C'était seulement un degré de plus dans la marche
des évêques pour acquérir le comté. » (Cf. *Histoire de Beauvais et de ses
institutions municipales jusqu'au XVe siècle*, dans *Positions des thèses
soutenues à l'Ecole nationale des Chartes en 1890*, Mâcon, 1890, in-8°,
pp. 75-6.)

comte. Il ne pouvait manquer d'en être ainsi, étant donné d'une part la rencontre forcée des intérêts du vassal et du suzerain, d'autre part la faiblesse inhérente à cette royauté jeune encore et mal assurée.

Renard, comte de Sens, était en lutte ouverte avec l'archevêque de cette ville, Liétry[1]. Celui-ci demanda au roi une armée, qui vint mettre le siège devant Sens. La place se rendit le 22 avril 1015[2], et Renard s'enfuit auprès d'Eudes. Celui-ci lui fit bon accueil, réunit des troupes et jeta sur l'emplacement actuel de Montereau les fondations d'un château que Renard, — bien que le domaine[3] dépendît de Saint-Etienne de Sens, — lui donna en fief. Puis, avec ces mêmes troupes, le comte de Sens alla *reprendre possession de sa ville*[4].

Le roi n'en invita pas moins Eudes à venir à Compiègne pour la cérémonie au cours de laquelle Hugues, fils aîné de Robert, fut associé au trône (9 juin 1017). Eudes s'y rencontra même avec Foulques d'Anjou[5].

Mais le comté de Troyes, *dont le dernier possesseur* de la maison de Vermandois, Etienne Ier, fils de Herbert II, mourut après 1019[6], devait bientôt diviser à nouveau le roi de France et le comte de Blois.

Ce fief s'étendait des bords de l'Aisne aux rives de l'Armançon, et les *comtés particuliers d'Oulchy, de Roucy, de Brienne et de Rosnay* en relevaient[7]. C'était bien tentant.

---

[1] Cf. d'Arbois de Jubainville, pp. 229-30.

[2] D. Bouquet, X, 221 C. — Cf. d'Arbois de Jubainville, p. 231, n. 2.

[3] Chronique de Geoffroy de Courlon, éd. Julliot, Sens, 1876, in-8°, p. 302.

[4] D. Bouquet, X, 224 AB. — Ce peut être au cours de cette campagne que Hubert, évêque d'Angers, ravagea, pour le roi, les terres d'Eudes situées dans son diocèse, fait pour lequel Hugues, archevêque de Tours, excommunia son suffragant. Cf. (D. Bouquet, X, p. 499) la lettre de Hugues, archevêque (1005-1023) de Tours, à Hubert, évêque (1010-1047 ou 1048) d'Angers.

[5] D. Bouquet, X, pp. 599-600.

[6] Cf. d'Arbois de Jubainville, p. 243, et Pfister, p. 239.

[7] Cf. d'Arbois de Jubainville, pp. 186-7, Landsberger, n. 104, et Longnon, *Atlas historique*, pp. 220-1.

Robert était parent d'Etienne au septième degré ; Eudes l'était au cinquième [1]. Robert était fils de Hugues Capet, fils de Hugues le Grand, fils de Béatrice, fille de Herbert Ier de Vermandois [2]. Eudes était fils d'Eudes Ier, fils de Liégarde, fille de Herbert II de Vermandois [3].

Eudes ne laissa pas à Robert le temps d'élever des prétentions. Prenant les devants, il occupa purement et simplement, contre la volonté royale, disent les chroniques, les domaines du comte défunt. Robert, malgré sa suzeraineté, qu'il devait faire valoir en sus de son droit héréditaire, ne se sentant pas assez fort pour résister, donna l'investiture au comte [4].

Mais il ne tarda pas à regretter son manque d'énergie et chercha de toute manière à réparer sa faute. Eudes lui-même se chargea d'en fournir l'occasion.

Poussé par son esprit aventureux, il venait d'attaquer ses nouveaux voisins, le duc de Lorraine [5], Thierry, et Ferry, comte de Toul [6]. Ceux-ci portèrent plainte à leur suzerain, l'empereur Henri II, qui envoya au roi de France deux

---

[1] Landsberger (p. 31) fait de Robert un oncle d'Etienne. C'est une erreur. Etienne et Hugues Capet, père de Robert, n'étaient que cousins issus de germains. — Raoul le Glabre est inexact : *Stephanus... regis consobrinus...* (D. Bouquet, X, 27 B.)

[2] D. Bouquet, X, p. IV.

[3] Cf. Landsberger, *op. cit., Stammtafel II.* — Avec la généalogie proposée par M. Longnon, Robert n'est plus parent d'Etienne qu'au huitième degré, tandis qu'Eudes en est le cousin germain. Le degré de parenté reste le même entre le roi et le comte, dans le système exposé par M. Lot, mais Etienne et Eudes y sont cousins issus de germains. (Cf. Lot, *op. cit.,* p. 377.)

[4] D. Bouquet, X, 27 AB, 40 D et 501 D.

[5] M. F. Lot (*op. cit.,* p. 229, n. 2), pense que les prétentions de la maison de Blois en Lorraine résultaient d'une cession de territoire faite à Eudes Ier par le duc Godefroy.

[6] D. Bouquet, X, 240 C. — Ce Ferry est sans doute le fils de Thierry et son successeur comme duc de la Haute-Lorraine, car, dès cette époque, il gouvernait au lieu et place de son père. (Cf. Giesebrecht, *op. cit.,* II, p. 221.) Thierry, du reste, prend aussi le titre du *Tullensis.* (D. Bouquet, X, 202 C.)

ambassadeurs. C'étaient Gérard, évêque de Cambrai, et
Richard, abbé de Saint-Vanne de Verdun. Ils invitèrent
Robert à venir trouver l'empereur à Ivois[1], sur le Chiers, à
la frontière, mais sur le territoire de l'Empire. Henri II l'y
ayant précédé, s'avança à sa rencontre jusqu'à Mouzon
(10 août 1023). Puis ils allèrent tous deux à Ivois et y
décidèrent qu'une assemblée se réunirait à Verdun le
8 septembre, — jour de la Nativité de la Vierge[2], — assemblée dans laquelle on jugerait la question de la Champagne
et les différends d'Eudes avec Thierry. L'empereur présida
lui-même cette assemblée, qui condamna le comte. Celui-ci
dut rendre à Thierry le territoire qu'il s'était approprié, et
on détruisit les forteresses qu'il y avait bâties[3].

Si Eudes avait échoué d'un côté, il était bien résolu à
ne pas céder de l'autre. L'investiture de la Champagne lui
fut-elle réellement retirée à Verdun? Ou bien Robert mani-
festa-t-il seulement l'intention de le faire? — Toujours est
que le comte prit les armes et battit sans doute les terres
de la couronne voisines de son domaine.

Robert le fit citer devant sa cour par un pair, Richard,
duc de Normandie[4]. Mais celui-ci, tout le premier,
le détourna, semble-t-il, de venir au plaid royal, sous

---

[1] Aujourd'hui Carignan (Ardennes).

[2] M. Landsberger (n. 125) emprunte à Giesebrecht *(op. cit.)* cette idée que
le chroniqueur a dû confondre la Nativité avec l'Assomption. — *Inde etiam
imperator procedens Virdunum perrexit..., legatis quidem regiis secum
deductis...* (D. Bouquet, X, 202 C.) De cette phrase, il paraît bien ressortir
que l'empereur alla directement d'Ivois à Verdun. De plus, il serait peu
vraisemblable qu'il eût gardé pendant près d'un mois les ambassadeurs du roi
de France.

[3] D. Bouquet, X, pp. 201-2.

[4] D. Bouquet, X, p. 502 A. — M. Landsberger (n. 111) arguë du titre de
comte donné à Richard par Eudes (X, 501 C) contre le bien-fondé de l'identification faite par M. d'Arbois de Jubainville (p. 254) de ce comte avec le duc
de Normandie du même nom. Mais dans le seul diplôme de Robert, où le duc
Richard II figure comme témoin, il souscrit : *S. Richardi comitis Normannorum.* (D. Bouquet, X, p. 615 B.)

prétexte que la sentence était arrêtée d'avance[1]. Eudes
écrivit (1024-1025) à Robert une lettre, qui nous a été
conservée[2], dans laquelle il affirme son droit d'héritier sur
les terres d'Etienne de Champagne et fait appel à la clé-
mence et à l'équité du roi[3].

Maître de la Champagne, Eudes reprit les desseins formés
par son père au sujet des possessions temporelles de l'archevêché de Reims[4]. Encouragé sans doute par l'opposition
que faisaient à Ebles ses propres suffragants[5], il s'empara
en 1021[6] du comté, que la maison de Roucy, représentée
alors par l'archevêque, avait autrefois enlevé à l'église de
Reims[7]. Il exerça les prérogatives attachées à la possession
de ce domaine et frappa une monnaie dont nous parlerons
plus loin[8]. Ebles, qui se voyait presque obligé d'abandonner
son siège, fit appel à l'intervention de Fulbert, évêque de
Chartres. Celui-ci exerçait une certaine influence sur Eudes.
Il avait déjà ouvertement désapprouvé la conduite de
Thibaud, lors de l'installation de Ménard à Saint-Père[9], et

---

[1] Cf. A. Luchaire, *Histoire des institutions monarchiques de la
France sous les premiers Capétiens*, Paris, 1891, in-8°, I, p. 315, et II,
pp. 12-14.

[2] D. Bouquet, X, pp. 501-2.

[3] Voir la note VII.

[4] Cf. ci-dessus.

[5] Cf. d'Arbois de Jubainville, I, pp. 246-9.

[6] On est d'accord pour rapporter ces *événements* à l'année même de l'élection d'Ebles, mais c'est sur la date de celle-ci que l'on ne s'entend pas.
M. d'Arbois de Jubainville, qui repousse d'abord (p. 248, n. 1) l'année 1023
donnée par Aubry des Trois-Fontaines, l'adopte ensuite (p. 250, n. 2). Nous
préférons 1021, date qu'indiquent la chronique de Mouzon (d'Achery, *Spicilège*,
éd. in-8°, t. VII, 1666, p. 662), celle de Saint-André de Cambrai (Pertz, VII,
p. 528), deux chartes royales (Cat., n°° 40 et 43), et qui cadre avec ce que
nous savons de la durée de l'épiscopat d'Ebles (D. Bouquet, X, 288 B) et de
l'époque de sa mort (*Gall. Christ.*, t. IX, col. 65.)

[7] Cf. d'Arbois de Jubainville, p. 247, n. 2.

[8] Voir l'appendice II, consacré à la numismatique d'Eudes.

[9] Cf. D. Bouquet, X, 413-4.

les menées d'Eudes, pendant la lutte du comte Renard contre l'archevêque de Sens[1]. Eudes lui promit qu'il rendrait à Ebles tout ce qu'il lui avait enlevé[2], et il ne semble pas être jamais revenu sur sa parole[3].

Mais Fulbert ne l'amena pas toujours à récipiscence. Après la mort de Hugues, archevêque de Tours[4] (1023-1025), Geoffroy, vicomte de Châteaudun, neveu du défunt, avait usurpé des terres de l'église de Chartres et y avait construit des forteresses. Fulbert envoya demander l'appui d'Eudes et du prince Hugues. Ni l'un ni l'autre n'ayant répondu à son appel, il écrivit au roi trois lettres successives, le priant d'insister auprès d'Eudes, afin qu'il détruisît ou fît détruire les constructions de Geoffroy, et le requérant au besoin de prendre lui-même en mains la défense de ses intérêts[5]. Il ne semble avoir eu finalement contre son adversaire d'autre ressource que l'excommunication : cela ressort, du moins, d'une lettre écrite à Odilon, abbé de Cluny, dont il faisait le confident de ses ennuis[6].

Macaire, évêque de Meaux, mourut vers cette même époque[7], et avant que le roi lui eût donné un successeur, un clerc nommé Lisiard, archidiacre de Paris, révolté contre son évêque[8], s'empara du siège vacant. Fulbert, évêque de

---

[1] D. Bouquet, X, 452 B.

[2] Id., X, 473 B.

[3] Cf. Gall. Christ., IX, col. 64-5.

[4] Cf. Gall. Christ., XIV, col. 58. — Pour la date de ces événements, cf. Pfister (De Fulberti vita et operibus, p. 113, n. 3.)

[5] D. Bouquet, X, 457-8.

[6] Id., X, 456, ep. XXV.

[7] Cf. Gall. Christ., VIII, 1607. — Nous ignorons sur quels faits se fonde M. L. Auvray (op. cit., p. 17) pour faire remonter ces événements jusqu'à 1009, date qu'il fait suivre, d'ailleurs, et à juste titre, d'un point d'interrogation.

[8] D. Bouquet, X, 477 B et E, et 478 A.

Chartres, écrivit au roi pour lui conseiller d'enjoindre à l'archevêque de Sens de faire rendre par Lisiard, sous peine d'excommunication, les biens qu'il avait usurpés. Mais le comte Eudes soutenait Lisiard, et Robert, craignant d'entrer en lutte avec cet adversaire, s'en tint à vouloir le détacher de son protégé. Eudes, finalement, promit qu'il s'en remettrait au jugement de Fulbert. Il se fit d'abord attendre pendant plusieurs mois, puis céda[1], car Bernier, que le roi avait nommé évêque, l'était sans conteste en 1028[2].

Un peu auparavant, Conrad II avait succédé à Henri II[3] en Allemagne (13 juillet 1024). Les Lombards voulurent profiter de la circonstance pour se débarrasser du joug de l'Empire. Ils se révoltèrent[4].

Après avoir vainement offert le trône au roi Robert[5], et à Hugues, son fils[6], ils le proposèrent simultanément à Guillaume, duc d'Aquitaine et comte de Poitiers, pour son fils aîné[7], et à Eudes[8]. Il était dans l'ordre naturel des choses que le roi mit des obstacles à l'acceptation de ce dernier[9]. Cette manœuvre, et, par suite, la lenteur

---

[1] D. Bouquet, X, 478, C-E.

[2] Fulbert mourut cette même année 1028, le mercredi de la semaine sainte, 10 avril, — et non en 1029 (cf. *Gall. Christ.*, VIII, col. 1116, et d'Arbois de Jubainville, p. 293, n. 1). — M. L. Auvray *(op. cit.*, p. 19) a établi ce point d'une manière irréfutable.

[3] Cf. *l'Art de vérifier les dates*, II, 14-15.

[4] D. Bouquet, X, 161 B.

[5] Id., X, 500 D.

[6] Id., X, 39 A.

[7] Id., X, 500-1, 483-4. Cf. Landsberger, n. 137.

[8] Id., X, 474 B. — Cf. les lettres 15, 94 et 119 de Fulbert (éd. de Villiers, Paris, 1608, in-12).

[9] Cf. la lettre dans laquelle Fulbert, à la prière du comte de Blois, demande à Robert de ne point faire de démarches contre lui. (D. Bouquet, X, 474 B. — Lettre de Fulbert nº 94.) — Comment justifier les termes de cette lettre, si l'on partage l'opinion de M. Pfister (p. 372) qui, d'une part, prolonge jusqu'en 1025 la lutte pour le comté de Troyes, et, de l'autre, présente cette lutte même comme la cause du refus opposé par Robert aux Lombards?

4

d'Eudes à prendre une détermination, lui fit préférer son
rival, qui partit pour l'Italie, et, du reste, en revint bientôt
(printemps-automne 1025)[1].

Pendant ce temps (1025)[2], Foulques d'Anjou, que le
roi n'avait pas entraîné dans sa réconciliation avec Eudes[3],
assiégeait Saumur. Gédouin, qui tenait cette ville des comtes
de Blois, voyant combien était nombreuse l'armée du comte
d'Anjou, dépêcha vers celui-ci pour lui demander de faire
trêve. Foulques consentit et bâtit en face Saumur une forte-
resse, qu'il appela ironiquement *Trèves*[4].

Eudes, irrité, réunit des troupes et vint camper devant
Montboyau, sur les bords de la Loire et de la Choisille[5].
Gédouin l'y rejoignit avec les Saumurois. Des Chinonais et
des hommes du roi de France, auxquels il avait été fait
appel, y vinrent également. Foulques, appuyé par Herbert
Eveille-Chien, accourut; mais arrivé à Brain[6], dans le voi-
sinage de Saumur, il eut connaissance de la supériorité
numérique de ses adversaires. Comme la ville de Saumur
était abandonnée à elle-même, il retourna sur ses pas et en
vint faire le siège. Les moines de Saint-Florent s'unirent
aux habitants pour défendre la place. Malgré les prières des
uns et les efforts des autres, elle fut prise et livrée au
pillage. Puis le feu y ayant été mis, la plupart des habitants
furent emmenés prisonniers[7].

---

[1] D. Bouquet, X, 161 C. — Cf. L. Auvray, *op. cit.*, p. 18.

[2] Cf. Bresslau, *op. cit.*, p. 109, n. 3.

[3] D. Bouquet, X, 176 C. — Ce rapprochement eut lieu sans doute vers
1025, année où nous voyons, à la suite d'un voyage de Gédouin de Saumur à
Paris (cf. Tardif, *Monuments historiques*, Paris, 1866, in-4°, p. 162), le roi
venir à Tours (D. Bouquet, X, pp. 610-11), et Fulbert lui écrire qu'il ne peut
l'y rejoindre (Id., *ibid.*, p. 474, *ep.* LXIII.)

[4] Maine-et-Loire. — Cf. D. Bouquet, X, 265 D.

[5] D. Bouquet, X, p. 241 A.

[6] Probablement Brain-sur-Allonnes (Maine-et-Loire, — et non Indre-et-Loire
— Cf. d'Arbois de Jubainville, p. 265, n. 2.)

D. Bouquet, X, 241 A et 265-6.

Eudes assiégeait toujours Montboyau. Il avait élevé contre ce donjon une tour d'une hauteur extraordinaire. Mais une nuit, cette construction, qui était en bois, s'effondra sur les soldats qu'elle abritait : beaucoup furent écrasés. Les assiégés s'empressèrent de l'incendier en y lançant des matières inflammables. Eudes, navré, s'éloigna [1].

Il se dirigea vers Montbazon [2], que Foulques, encouragé par la prise de Saumur, assiégeait. Celui-ci jugea prudent de se retirer et retourna par Loches à Angers [3]. Eudes l'y poursuivit, campa même entre la ville et la Loire, puis, n'osant entreprendre le siège [4], se replia sur Saumur. Là, il fit construire une machine de bois pour assiéger la place que défendait une garnison angevine. Mais l'ennemi y mit le feu. Notre comte, désespéré par ces échecs successifs, renonça momentanément à la campagne [5]. Il rentra à Blois, en passant par Tours et Rochecorbon [6].

L'année suivante (1026), Foulques assiégea de nouveau Montbazon, s'en empara cette fois et y établit Guillaume de Mirebeau [7].

Eudes fut moins heureux. Il vint devant Saumur, avec son fils aîné, Thibaud, et à la tête d'une nombreuse armée. Mais les moines de Saint-Florent étant entrés en pourparlers avec lui, le décidèrent à abandonner la ville. Le comte d'Anjou, par contre, s'engagea à détruire Montboyau. La compensation était légère [8].

---

[1] D. Bouquet, X, 176 CD.

[2] Indre-et-Loire. — Cf. A. de Salies, *op. cit.*, p. 226, n. *a*.

[3] D. Bouquet, X, 241 AB et 257 D.

[4] Id., X, 204 C.

[5] Id., *ibid.*, 267 B.

[6] Id., *ibid.*, 241 B. — Rochecorbon (Indre-et-Loire).

[7] Id., *ibid.*, 257 E.

[8] Id., *ibid.*, 267 C.

Gédouin, à qui il ne restait plus dès lors que Pontlevoy, reçut d'Eudes, à titre d'indemnité, le château de Chaumont-sur-Loire [1] et quelques autres fiefs.

Depuis le rapprochement qui s'était opéré entre Eudes et Robert, il ne s'était rien produit qui eût pu les diviser. Une circonstance solennelle resserra encore leur union. Hugues, fils aîné du roi, étant mort le 17 septembre 1025, on songea à sacrer son frère, Henri. Les grands vassaux, consultés à ce sujet, paraissent s'être tout d'abord opposés à la chose [2]. Néanmoins, la cérémonie eut lieu le jour de la Pentecôte 1027, à Reims [3]. Eudes y assista avec toute la cour, qu'il suivit après à Senlis [4].

Le comte d'Anjou s'était refusé à venir reconnaître le roi nouvellement couronné [5]. Robert en fut irrité. Eudes profita de cette circonstance. Accompagné du jeune Henri lui-même, il vint assiéger Amboise (1027). Sa tentative échoua devant la résistance habile et courageuse du trésorier de Saint-Martin de Tours, Sulpice, seigneur d'Amboise [6].

Foulques était alors occupé sur un autre point de ses domaines. Alain III, duc de Bretagne, assiégeait Le Lude [7] en Anjou. Mais l'affaire se termina par un traité.

Il n'est pas probable que cet ennemi ait été suscité à Foulques par son vieux rival, comme l'insinue M. Lands-

---

[1] Loir-et-Cher. — Cf. D. Bouquet, X, 241 BC et 267 C.

[2] Eudes lui-même peut-être. Cf. les lettres de Guillaume d'Aquitaine (D. Bouquet, X, 485) et de Fulbert, évêque de Chartres *(ibid.*, p. 480, *ep.* LXXVI.) En tout cas, son opposition a dû être ou sourde ou habilement dissimulée, comme le prouvent les circonstances dans lesquelles il fit la guerre à Foulques en 1027.

[3] D. Bouquet, X, 40 A. — Pfister, *op. cit.*, p. 77.

[4] Id., X, pp. 613-15.

[5] Cf. d'Arbois de Jubainville, p. 289, n. 2.

[6] D. Bouquet, X, 176 D.

[7] *Le Lude* (Sarthe), et non *Lude*, comme on imprime habituellement. — Cf. D. Bouquet, X, 274 D.

berger (p. 27), car ce doit être dans cette expédition [1] qu'Alain, comte de Cornouailles, enleva de force Berthe, fille d'Eudes, que le duc de Bretagne épousa solennellement à Rennes [2].

C'est peu de temps après sans doute (1030), qu'eut lieu le passage en France d'Ernest.II, duc de Souabe. Ce prince, ayant été dépouillé de ses domaines par l'empereur Conrad, venait chercher un appui. Il s'adressa à son parent [3], le comte de Champagne, mais ne paraît pas avoir rien obtenu [4].

Les dangers que la famille royale elle-même faisait courir à la couronne de France retenaient ailleurs son attention.

Constance, qui de tout temps avait préféré à Henri, son second fils, Robert, ayant vu le roi déjouer ses manœuvres en 1027 [5], médita une vengeance. Elle ne trouva rien de mieux que de soulever les princes contre leur père. Robert marcha sur eux et les soumit [6].

Le roi mourut le 20 juillet 1031 [7]. Constance fit aussitôt occuper les principales villes du domaine de la couronne, et acheta l'appui des grands vassaux contre Henri. Celui-ci se réfugia auprès de Robert le Diable, duc de Normandie,

---

[1] Et non en 1018, comme le croit Blümcke (p. 87).

[2] D. Bouquet, X, 294 B et *l'Art de vérifier les dates*, II, 896. — Nous ne savons rien de plus sur cette fille d'Eudes, sinon que veuve d'Alain III en 1040, elle se remaria à Hugues II, comte du Mans (D. Bouquet, XI, 136 A et 244 B ; d'Arbois de Jubainville, I, p. 487). Elle serait morte en 1085 (cf. d'Arbois de Jubainville, pp. 353-4) ; en tous cas, elle vivait encore en 1081 (cf. E. de Lépinois et L. Merlet, *Cartulaire de Notre-Dame de Chartres*, Chartres, 1862-65, 3 v. in-4°, t. I, p. 95).

[3] Il était le petit-neveu d'Eudes II, Berthe, femme d'Eudes Ier, étant sœur de Gerberge, mère de Gisèle, mère d'Ernest. (Cf. le tableau généalogique de Blümcke).

[4] D. Bouquet, XI, 4 A et 619 BC.

[5] Id., X, p. 480.

[6] *Ibid.*, 40 AB.

[7] *Ibid.*, 115 E.

qui lui donna une armée avec Màuger, comte de Corbeil, pour chef[1]. Robert fut battu par Henri à Villeneuve-Saint-Georges, et Constance, après avoir perdu les villes dont elle s'était emparée, mourut au mois de juillet 1032[2]. Eudes que, malgré ses bonnes relations avec Henri[3], elle avait entraîné dans son parti en lui donnant la moitié de la ville de Sens[4], subit trois défaites successives, abandonna son armée, et se laissa prendre le château de Gournay-sur-Marne[5].

Sur ces entrefaites, Liétry, archevêque de Sens, étant mort (27 juillet 1032)[6], Henri nomma à ce siège Gédouin, fils de Geoffroy, comte de Joigny. Eudes lui opposa Ménard, trésorier de la cathédrale, qu'il fit élire par le chapitre[7]. Henri fut forcé de prendre les armes pour venir installer son candidat. Accompagné de Foulques Nerra, son vassal et son parent, il alla camper à Malay-le-Vicomte[8]. La ville était défendue par Eudes, le vicomte Daimbert[9] et Ménard. Ils repoussèrent l'assaut donné par le roi, qui, au bout de trois jours, s'en revint à Paris[10].

L'année suivante (1033), il reparut avec trois mille hommes et, une semaine durant, dévasta les faubourgs de la ville et leurs monastères, puis se retira[11].

---

[1] D. Bouquet, XI, 34 B.

[2] *Ibid.*, 40 C.

[3] Id., X, 176 D.

[4] Id., XI, 158 D et 398-9.

[5] Id., X, 212 D, XI, 159 A et 351 D. — Gournay (Seine-et-Oise).

[6] Cf. *Gall. Christ.*, t. XII, col. 36.

[7] D. Bouquet, XI, 308 AB.

[8] Cf. Geoffroy de Courlon, éd. Julliot, p. 416. — Le chroniqueur date par erreur les deux sièges de l'an 1033 et place la reddition de la ville en 1034.

[9] C'était le frère du trésorier Ménard plutôt que son fils. — Cf. D. Bouquet, X, 225 B et XI, 308, n. *b*.

[10] D. Bouquet, XI, 196 AB.

[11] *Ibid.*, 196 BC et 308 AB.

Mais Eudes, sous le poids de graves préoccupations, renonça à la lutte, et, désireux sans doute de se mettre en paix avec le roi, ouvrit la ville à Gédouin (1034), qui vint prendre possession de son siège[1].

Rodolphe III, roi de Bourgogne, était mort sans enfants le 6 septembre 1032[2]. Il n'avait d'autres héritiers qu'un neveu et une nièce, Eudes, comte de Champagne, et Gisèle, femme de Conrad II le Salique. Berthe, mère d'Eudes, et Gerberge, mère de Gisèle, étaient sœurs de Rodolphe[3].

Dès 1024, les deux prétendants avaient trouvé l'occasion de faire acte de compétiteurs. Cette année là il y eut contre Rodolphe un soulèvement de ses vassaux, provoqué peut-être par les intrigues d'Eudes[4]. Aux tentatives que fit ce dernier pour s'attacher les seigneurs bourguignons[5], Rodolphe répondit en choisissant (1027) Conrad pour son héritier[6], et en lui envoyant, de son lit de mort, la couronne royale et la lance de saint Maurice[7].

Lorsque s'ouvrit la succession, Conrad était en guerre avec les Polonais. Eudes, n'osant pas se donner le titre de roi[8], tout étant bien déterminé à prendre le royaume,

---

[1] D. Bouquet, *ibid.* — M. Landsberger qui, d'ordinaire, cite les textes très fidèlement, fait commettre au chanoine de Saint-Martin de Tours une erreur historique : *Henricus*, dit-il (n. 157), *exercitu multo Senonas cepit...* Dans D. Bouquet (XI, 347 A), auquel il renvoie, on lit : .... *Senones venit.* Il est certain que le roi n'a pas pris la ville. Cf. Geoffroy de Courlon, p. 416 : .... *Tamen civitatem non intraverunt, sed recesserunt.*

[2] Cf. *l'Art de vérifier les dates*, II, p. 431.

[3] Cf. Blümcke, *Stammtafel I.*

[4] *L'Art de vérifier les dates*, II, p. 432.

[5] D. Bouquet, X, 40 D.

[6] Id., *ibid.*, 13 D.

[7] Id., XI, 18 C et 143 C.

[8] Certains de ses partisans le lui décernèrent. Giesebrecht (II, p. 273) et Landsberger (n. 175) rappellent des chartes de Raimbaud, archevêque d'Arles, et deux autres, datées du règne du *roi Eudes* (Guérard, *Cartulaire de Saint-Victor de Marseille*, n°° 64, 101, 176, 183). Dans les actes émanés du comte lui-même jamais pareille mention ne se rencontre. (Cf. nos *Pièces justificatives*, et Landsberger, n. 177.)

paraît avoir fait proposer à l'empereur un accommo-
dement [1] : la couronne à l'un, à l'autre le domaine [2]. La
négociation échoua sans doute, car, en 1032, nous voyons
Eudes conduire une armée en Bourgogne, s'emparer de
quelques villes, entre autres Vienne [3], Neuchâtel et Morat,
y mettre garnison [4], et, maître du pays compris entre la
Saône et le Jura, préparer la cérémonie de son couronnement [5].

L'empereur s'assura tout d'abord, par l'intermédiaire
de Poppon, abbé de Stavelot [6], et de Brunon, évêque de
Toul [7], des bons sentiments du roi de France, puis il
accourut sans retard. Le 25 décembre 1032, il arrivait à
Strasbourg avec son fils Henri, et, ayant rassemblé des
troupes, gagnait Bâle (27 janvier) et Soleure, s'arrêtait à

---

[1] Ce n'est pas à la suite de la guerre qu'il fit à Conrad, comme l'admet
M. d'Arbois de Jubainville (p. 335), — en 1035, suivant Aubry des Trois-Fontaines (D. Bouquet, 350 C), — en 1036, suivant Sigebert de Gembloux (ibid.,
163 B), — qu'Eudes demanda à l'empereur d'Allemagne le royaume de Bourgogne à charge d'hommage. Cette démarche d'Eudes se rapporte bien à l'époque
du décès de Rodolphe et précède toute action militaire. Parmi les trois chroniques (cf. D. Bouquet, t. XI) citées par M. d'Arbois de Jubainville (p. 335,
n. 1), l'une est évidemment la source des deux autres. Sigebert de Gembloux
a été reproduit par le moine de Saint-Laurent de Liège et par Aubry des
Trois-Fontaines. Or, on comprend que Sigebert place à l'année 1036 la négociation d'Eudes avec Conrad, car il fait mourir Rodolphe en 1035 seulement,
et, ne tenant aucun compte des événements de 1032, 1033 et 1034, borne à
l'expédition de Lorraine (1036-7) les hostilités des deux compétiteurs.

[2] Sigebert de Gembloux (D. Bouquet, XI, 163 B) et Wipon (id., ibid., 4 A),
quoi qu'en pense Blümcke (p. 58, nn. 80-1), sont d'accord au fond (cf. Landsberger, n. 168). La phrase arrogante que Wipon place dans la bouche
d'Eudes, — et dont la clarté, il faut l'avouer, laisse à désirer, — n'infirme
en rien l'idée que nous exprimons. Elle n'est rapportée, du reste, par le chroniqueur, qu'à titre d'on-dit et, de plus, son caractère oratoire doit nous
rendre méfiant. — Cf. Blümcke, pp. 58-60.

[3] D. Bouquet, XI, 143 D. — Voir la note VIII.

[4] Ibid., 8 C, 18 C, et 260 D.

[5] Ibid., 143 D.

[6] Ibid., 461 C.

[7] Acta Sanctorum, avril, t. II, p. 655.

l'abbaye de Payerne, où il se faisait élire et couronner dans une assemblée générale de vassaux bourguignons (2 février 1033), et, de là, entrait dans son nouveau royaume[1]. En même temps, il cherchait à s'appuyer sur le roi de France, qui venait de combattre Eudes sous les murs de Sens, et lui offrait, à l'entrevue de Deville-sur-Meuse (mai 1033), sa fille Mathilde en mariage[2].

Conrad dut faire le siège des places qui lui avaient été prises. Mais l'extrême rigueur de l'hiver entrava les opérations de l'armée qu'il avait amenée devant Morat. Il retourna à Zurich, où il reçut magnifiquement un certain nombre de grands seigneurs bourguignons qui lui jurèrent fidélité à lui et à son fils[3].

Puis, changeant de plan, dès qu'arriva l'été, il traversa la Lorraine (août 1033)[4], où la présence d'Eudes était signalée.

Ce dernier vint, en effet, mettre le siège devant Toul[5] la veille de la Toussaint (31 octobre)[6], sous prétexte que les droits qu'il percevait sur cette ville lui avaient été payés en mauvaise monnaie. Trois jours durant, les assiégés, sous la direction de leur évêque, Brunon, résistèrent : aussi se mit-il pendant toute une semaine[7] à piller et à brûler les églises, les monastères et les habitations des faubourgs[8].

L'empereur, à titre de représailles, se jeta sur la partie orientale de la Champagne, incendiant les villes et dévastant

---

[1] D. Bouquet, XI, 4 B.

[2] *Ibid.*, 5 A et 415 A.

[3] *Ibid.*, 4 CD.

[4] Voir la note IX.

[5] D. Bouquet, XI, 163 BC et 172 B.

[6] Jean de Bayon, *ap.* D. Calmet, *Histoire de Lorraine*, éd. de 1748, t. III, col. CCXVIII. — Sur l'année où eut lieu ce siège, voir la note IX.

[7] Jean de Bayon, *loc. cit.*

[8] Id., *ibid.*, col. CCXVIII-CCXIX. — Pertz, IV, p. 84.

les campagnes [1]. Après trois semaines [2], le comte supplia Gozelon, duc de Lorraine, et Thierry, évêque de Metz, de lui ménager une entrevue avec l'empereur [3]. Il l'obtint, supplia humblement Conrad de se retirer, et, s'en remettant pour tout au jugement des comtes palatins, feignit [4] de se soumettre [5].

Mais cet engagement qu'il avait pris de renoncer à la Bourgogne [6], Eudes ne l'observa pas longtemps. En paix avec le roi de France, que la mort de sa fiancée avait peut-être contribué à détacher de Conrad [7], il oublia ses serments.

Celui-ci fut donc obligé de revenir l'année suivante mettre le siège devant les villes où Eudes avait maintenu ses garnisons. A la tête des Allemands, il reconquit toutes les places situées au nord de la Bourgogne, et descendit jusqu'au Rhône, où le rejoignirent des Italiens amenés par l'archevêque de Milan et par Hubert, comte de Bourgogne [8]. A Genève, il reçut l'acte de soumission de l'archevêque de Lyon et du comte Gérold, parent d'Eudes [9]. Enfin, le 1er août 1034, en la fête de saint Pierre ès Liens, il s'y fit élire une seconde fois roi de Bourgogne [10].

---

[1] D. Bouquet, XI, 4 D, 8 C.

[2] Ibid., 260 D.

[3] Pertz, IV, p. 84. — Gozelon, qui devint duc de la Haute-Lorraine en 1033 (L'Art de vérifier les dates, III, p. 40), ne le fut que sur la fin de l'année sans doute, autrement l'on s'expliquerait difficilement son intervention.

[4] D. Bouquet, XI, 8 C et 18 D.

[5] Ibid., 4 D, 8 C, 18 D, 260 E.

[6] Ibid., 4 D.

[7] Mathilde était morte à Worms en 1034. (Cf. D. Bouquet, XI, 5 A).

[8] Wipon l'appelle Hupert (D. Bouquet, XI, 4 E). Il doit désigner le comte Hubert ou Upert de Savoie (L'Art de vérifier les dates, III, p. 613), car le comte de Bourgogne était alors (1027-57) Renaud Ier (Ibid., II, 498.)

[9] Cf. Landsberger, nn. 192-3.

[10] D. Bouquet, XI, 4 E, 8 D, 18 D. — Quoiqu'en pensent MM. Landsberger (pp. 51-2 et n. 180) et Giesebrecht (II, p. 277), Conrad a pu, suivant l'opinion de Blümeke (p. 67), se faire couronner une seconde fois, en raison du petit nombre de vassaux qui s'étaient rendus à Payerne en 1033. Cf. Blümeke, p. 63, n. 99.

Etant ensuite revenu sur ses pas, il assiégea Morat.
La ville fut détruite, et la garnison, quoique forte, se laissa
emmener prisonnière.

Quand ils l'apprirent, les autres partisans qu'Eudes avait
laissés en Bourgogne s'enfuirent. Conrad les poursuivit et
en extermina un grand nombre. Après quoi, il alla rejoindre l'impératrice qui l'avait suivi jusqu'à Bâle et l'attendait
à Strasbourg[1].

Ses promesses touchant la Lorraine, le comte ne les tint
pas davantage. En effet, il ne cessa de faire des incursions
dans cette province[2]. En 1036, nous le voyons assiéger
Commercy[3], qui fut même brûlé.

Au mois de novembre 1037, profitant de la lutte que
soutenait Conrad en Lombardie contre l'archevêque de
Milan[4], il vint devant Bar-le-Duc, prit la ville et y laissa
une garnison forte d'environ cinq cents hommes[5]. Il comptait

---

[1] D. Bouquet, XI, 5 A, 8 D et 18 D. — M. d'Arbois de Jubainville (I, pp.
333-4) nous semble avoir, dans cette campagne, interverti l'ordre des faits et
changé l'itinéraire de Conrad. Suivant Wipon, l'empereur, après avoir laissé
sa femme à Bâle, aurait gagné le Rhône, puis Genève, en soumettant tout le
pays compris entre Saône et Rhône. De Genève, il serait remonté (*reversus*) à
Morat, puis à Strasbourg (D. Bouquet, XI, 4 E - 5 A.) On conçoit aisément
l'effet que voulait sans aucun doute produire Conrad sur les villes qui tenaient
contre lui, en se faisant d'abord proclamer roi par ses vassaux. Au récit détaillé
de Wipon, l'on ne peut opposer les deux chroniques (D. Bouquet, 8 D, 18 D)
qu'a suivies M. d'Arbois de Jubainville. Elles sont rédigées sous forme d'annales. Les faits y sont groupés année par année et la recherche de l'ordre
chronologique n'est pas poussée plus loin.

[2] Pertz, IV, p. 84.

[3] D. Bouquet, XI, 458 C. — M. Landsberger a tort de placer la prise de
Commercy entre le siège et la bataille de Bar (p. 57). L'auteur de la vie de
Richard, abbé de Saint-Vanne, qui seul en fait mention, dit bien : *Cum Odo
comes... Commercium obsideret... — Cum igitur memoratus Odo...
Bar castrum obsedisset...* (D. Bouquet, XI, 458-9.) — En outre, Clair
nous apprend que la prise et la bataille de Bar eurent lieu du jour au lendemain. (*Ibid.*, XI, 196 D.)

[4] D. Bouquet, XI, pp. 420 C-E et 640 DE.

[5] Id., X, 41 A.

atteindre sans coup férir Aix-la-Chapelle et s'y faire couronner, le jour de Noël, dans le palais impérial [1].

Mais, sur ces entrefaites, il apprit l'arrivée d'envoyés
italiens qui venaient lui proposer l'Italie, et peut-être même
l'Empire, au nom des évêques de Verceil, de Crémone et
de Plaisance [2]. Suivant les chroniqueurs saxons, le complot
— qui ne tendait à rien moins qu'à faire assassiner
l'empereur [3] — fut révélé à celui-ci, qui prit des mesures
pour en empêcher l'exécution [4].

Dans l'intervalle, Gozelon, duc des deux Lorraines,
avait eu le temps de rassembler des troupes et de se
ménager des alliances [5]. Accompagné de son fils Godefroy,
de Renard, évêque de Liège, d'Albert, comte de Namur [6],
et de Richard, abbé de Saint-Vanne de Verdun, il vint au-
devant d'Eudes.

Le comte se dirigeait-il déjà sur Aix-la-Chapelle, après
avoir reçu les ambassadeurs italiens près de Bar? Ou bien
était-il retourné en Champagne [7], et la ville lui avait-elle été
enlevée par Gozelon [8]? — Toujours est-il que les deux

---

[1] D. Bouquet, XI, 215 B.

[2] D. Bouquet, X, 41 AB, XI, 420 C-E et 640 DE. — Suivant M. d'Arbois
de Jubainville (p. 337), cette démarche aurait précédé le siège de Bar. C'est
entre ce siège et celui de Commercy qu'il faut la placer, comme le fait, du
reste, Raoul le Glabre. La combinaison rêvée par les Italiens semble indiquer
qu'Eudes était déjà en Lorraine. Raoul le Glabre : *Existimabant... Odonem
posse percipere regnum Austrasiorum, atque ad eos transire ut illic
gereret principatum...* (D. Bouquet, X, 41 B.)

[3] Pertz, XX, 792, XVI, 171.

[4] D. Bouquet, XI, 420 et 640, *loc. cit.*

[5] Id., XI, 5 B, 171 C.

[6] M. d'Arbois de Jubainville (p. 339) appelle ce comte de Namur *Gérard*.
Il nous semble avoir pris là le nom d'un autre personnage qui va entrer en
scène tout à l'heure.

[7] Raoul le Glabre dit : *...Ut ipse... ad propria repedaret...* (D. Bouquet,
X, 41 A.)

[8] C'est l'avis de M. Giesebrecht, II, p. 326.

armées se rencontrèrent le lendemain de la prise de Bar [1], suivant Clair [2], et suivant Jean de Bayon [3], dans les plaines d'Honol, sur l'Orne, à quinze lieues au moins au nord de Bar et à l'est de Verdun [4].

C'était le 15 novembre 1037 [5]. La bataille s'engagea vers dix heures [6]. Eudes qui, malgré l'opposition du roi Henri [7], joignait à la supériorité du nombre l'appui de plusieurs vassaux, comme Manassès, comte de Dammartin [8], et Galeran, comte de Breteuil [9], enfonça tout d'abord l'aile gauche de l'ennemi commandée par Gozelon. Il se tourna ensuite contre l'aile droite où se trouvaient l'évêque de Liège et le comte de Namur. Celui-ci fut tué dans la mêlée [10].

Mais pendant ce temps, Gozelon, d'une part, revenait à la charge avec les soldats qu'il avait ralliés [11]; d'autre part, le comte Gérard d'Alsace [12] accourait au secours de l'évêque

---

[1] M. Landsberger (p. 58 et n. 212) soulève une difficulté. L'attaque des Lorrains avait-elle pour but de reprendre Bar ou d'en faire lever le siège? On ne peut rien conclure des chroniqueurs, — Raoul le Glabre et Sigebert de Gembloux (D. Bouquet, 41 A, t. X et tome XI, 163 C) — qu'il nomme en faveur de la première supposition. C'est en raison de l'extrême brièveté de leur récit qu'ils identifient pour ainsi dire le siège et la bataille de Bar. Mais Clair (D. Bouquet, XI, 196) et Jean de Bayon (loc. cit.), que M. Landsberger néglige de citer, sont plus explicites et affirment : le premier, qu'Eudes prit Bar, et, le lendemain même, rencontra les Allemands ; le second, que la bataille eut lieu sur l'Orne, à quinze lieues au moins de Bar-le-Duc.

[2] D. Bouquet, XI, 196 D.

[3] Loc. cit., col. CCXIX.

[4] Cf. d'Arbois de Jubainville, p. 339, n. 2.

[5] Cf. d'Arbois de Jubainville, p. 343, n. 2, et Landsberger, n. 211.

[6] Hora diei quarta, dit Jean de Bayon, loc. cit.

[7] D. Bouquet, X[v] 160 B.

[8] Id., XI, 459 A.

[9] Id., XI, 249 A.

[10] Id., XI, 171-2.

[11] Id., XI, 172 A.

[12] Cf. l'Art de vérifier les dates, III, p. 41.

de Liège [1]. En présence de cette double résistance, l'armée d'Eudes eut peur. Le comte, lui-même, donna le signal de la fuite [2], mais il fut rencontré par un chevalier, nommé Thierry, qui le tua. Son étendard fut pris et envoyé à l'empereur [3]. Thibaud, son fils aîné, plus heureux que lui, échappa à l'ennemi [4].

Le combat avait duré six heures [5]. Deux mille Champenois [6] et mille Lorrains avaient été tués. On comptait, en outre, un grand nombre de blessés [7]. Le lendemain, 16 novembre 1037, le corps du comte Eudes fut relevé sur le champ de bataille par Richard, abbé de Saint-Vanne, et Roger, évêque de Châlons. Il était dépouillé de ses vêtements, mais on lui avait laissé un petit reliquaire qu'il portait sans doute habituellement [8]. Hermengarde, à qui il fut envoyé, put encore le reconnaître, grâce à une verrue qu'il avait à un endroit caché [9]. Il fut inhumé à côté de son père, dans le chapitre de Marmoutier [10].

Eudes laissait une fille, Berthe, épouse du duc de Bretagne [11], et deux fils, Thibaud et Etienne, qui eurent en partage : le premier, Chartres et Tours ; le second, Troyes

---

[1] Jean de Bayon, *loc. cit.*

[2] D. Bouquet, XI, 196 D.

[3] Id., XI, 5 B et 261 A.

[4] Jean de Bayon, *loc. cit.*

[5] *Ab hora diei quarta usque pene decimam decertarunt.* (Jean de Bayon, *loc. cit.*)

[6] Le chiffre de 6,000 donné par un chroniqueur (Pertz, III, p. 101) est évidemment exagéré.

[7] Jean de Bayon, *loc. cit.*

[8] Id., *ibid.* — D. Bouquet, XI, 214 B.

[9] D. Bouquet, X, 41 C. — Ce détail semble donner du poids à ce que dit un chroniqueur (Pertz, X, p. 15) de la tête d'Eudes, qui aurait été coupée et apportée à Conrad en Italie. M. Landsberger (n. 218) repousse cette assertion.

[10] D. Bouquet, *ibid.*

[11] Cf. ci-dessus.

et Meaux [1]. Etienne mourut vers 1048, laissant un jeune fils, que Thibaud, son oncle, déposséda de la Champagne. Ce dernier mourut à son tour vers 1090, et ses enfants lui succédèrent [2].

La veuve du comte Eudes, Hermengarde, lui survécut de quelques années. *L'Art de vérifier les dates* [3] prend à tort pour rigoureusement exacte l'année (1040) indiquée approximativement par le Nécrologe d'Epernay comme étant celle de son décès. Nous la voyons figurer encore dans une donation faite en 1042 par les comtes Thibaud et Etienne, ses fils, à l'église cathédrale d'Amiens [4].

La guerre n'avait pas absorbé le comte Eudes tout entier, et l'Eglise, on peut le dire, resta au premier rang de ses préoccupations.

Avec le clergé de ses domaines, il ne cessa d'entretenir d'excellentes relations. Dans les questions religieuses proprement dites, alors non seulement que des intérêts étaient en jeu, mais qu'une simple fantaisie même parlait, tout autre était son attitude. Généreux à l'excès dans le premier cas, intraitable dans le second : tel il nous apparaît sa vie durant.

On ne peut donc dire d'une manière générale [5] qu'il « prenait peu d'intérêt à l'Eglise. » Les donations aux

---

[1] D. Bouquet, XI, 399 B.

[2] Cf. d'Arbois de Jubainville, p. 427. — Le rédacteur du *Nécrologe de l'église d'Amiens* a écrit à tort : *XIII kal. (novembri). Obitus Odonis, comitis magnifici, qui dedit nobis villas de Croissi et de Goii.* Cf. *Mémoires de la Société des Antiquaires de Picardie,* 3e série, t. VIII, 1885, in-8e, p. 430. Ce n'est pas Eudes, c'est sa veuve et ses fils qui ont *donné* Croissy-sur-Selle et Gouy-les-Groseilliers (Oise) à l'église d'Amiens ; l'acte de 1042 n'est pas une charte de confirmation, mais bien une fondation d'anniversaire.

[3] T. II, 614. — Mabille (*Cartulaire de Marmoutier pour le Dunois,* p. 109, n. 4) partage cette erreur.

[4] D'Arbois de Jubainville, I, pp. 481-2.

[5] Id., I, p. 215.

abbayes, Saint-Martin de Marmoutier, Saint-Père de
Chartres, Saint-Florent de Saumur, Saint-Pierre de Bourgueil, Saint-Martin d'Epernay, Notre-Dame de Pontlevoy,
et tant d'autres [1], — donations que nous lui voyons sans
relâche faire ou simplement confirmer, — établissent
péremptoirement le contraire. Quant à son ingérence dans
les élections d'évêques, comme à Chartres [2] et à Meaux [3],
d'abbés, comme à Bonneval [4] et à Saumur [5], elle ne semble
avoir été que l'exercice d'un droit ancien ou acquis. Enfin,
l'on sait la part qu'il eut dans l'introduction de la réforme
clunisienne [6] tant à Saint-Père de Chartres [7] qu'à Saint-
Faron de Meaux [8].

Sur la fin de sa vie en particulier, le comte fit maintes
fois — à la manière de l'époque, — œuvre de dévotion, —
et les moines n'en demandaient pas davantage. Aussi
affirma-t-on, après sa mort, que s'il avait encouru la
damnation éternelle, il devrait certainement sa délivrance
à l'intervention de saint Martin, patron de Marmoutier [9].
Ses fils, voulant travailler à son salut, firent plusieurs
donations, soit aux églises de Reims [10] et de Chartres [11],

---

[1] Cf. notre Catalogue d'actes.

[2] D. Bouquet, X, 508-10, *ep.* XXVII-XXIX.

[3] Id., X, 477-8.

[4] Id., X, 455-6.

[5] Cat., n° 24.

[6] Cf. *Hist. de l'abbaye de Cluny*, par H. Champly, 1866, in-12.

[7] *Cartulaire de Saint-Père*, I, pp. 119-121.

[8] Pertz, XXIII, p. 177, ll. 7-13.

[9] D. Bouquet, XI, 251 D.

[10] *XVI kal. decembr... Odo comes, post cujus mortem dederunt nobis uxor sua et filii Mormoleium* (Mourmelon, c°° de Suippes, Marne) *pro anima ejus et pro manu firma Virtutis ville* (Vertus, Marne) *in vita trium heredum suorum.* (*Nécrologe du chapitre de Reims*, xi° siècle, Bibl. de Reims, mns. A, 20/15, f° 19 v°).

[11] Cf. E. de Lépinois et L. Merlet, *Cartulaire de Notre-Dame de Chartres*, t. III, p. 209.

soit aux abbayes de Marmoutier [1] et du Ronceray [2]. Un
certain Renaud abandonna aussi aux religieux de Marmoutier, *pour le repos de l'âme de son seigneur et
comte*, sa part des moulins qu'il avait bâtis sur le pont de
Tours [3], et le vicomte Hardouin offrit au chapitre de Notre-
Dame de Chartres l'alleu de Tessonville [4], qu'Eudes même
lui avait donné [5].

Les chroniqueurs, eux, ont porté sur le comte Eudes des
jugements tout à fait différents. Raoul le Glabre le présente
comme un scélérat [6], l'auteur de l'histoire des seigneurs
d'Amboise en fait un sage [7]. Il n'était, à vrai dire, ni l'un
ni l'autre, mais avait souvent commis les excès de l'un, et
quelquefois aussi pratiqué les vertus de l'autre.

---

[1] Bibliothèque Nationale, mss. lat. 5441ⁱᵛ, pp. 371-2, et 12878, f⁰ 104 r⁰.

[2] Bibliothèque Nationale, D. Housseau, IIᵉ, nᵒˢ 436 et 438. — Mabillon,
Ann. Ben., t. IV, p. 426.

[3] D. Housseau, XII, nᵒ 6716.

[4] Cⁿᵉ de Briconville, cᵒⁿ de Chartres (Eure-et-Loir).

[5] Lépinois et Merlet, *op. et loc. cit.*

[6] D. Bouquet, X, 27 A et 40 D.

[7] Id., X, 239 E.

NOTES

———

I

Sur l'époque de la mort de Thibaud le Tricheur

Thibaud serait mort, suivant M. Landsberger (n. 26), entre décembre 973 et février 978. Nous pouvons retrancher deux ans à ce laps de temps.

D'une part, le dernier acte connu où il soit fait mention de Thibaud n'est pas celui de décembre 973, car, dans une charte extraite par Dom Housseau (*Collection de Touraine*, XII, n° 10335) du Cartulaire noir de Saint-Florent de Saumur (f° XXXVII v°), on lit : *In Dei nomine, Amalbertus, abbas monasterii Sancti Florentii Salmurensis... abbatiolæ Sancti Lupantii quam venerandus comes Teutbaldus pro sua et filiorum salute condonavit... Data mense maio, anno XX regnante Hlotario rege.* Si le comte avait été mort, son nom se trouverait certainement précédé d'une épithète telle que *bonæ memoriæ*.

D'autre part, il devait être mort dès 977, car, dans diverses chartes de cette année, Eudes semble agir en maître absolu, sans qu'il y soit en aucune manière fait mention de son père. Dans l'une d'elles, empruntée par D. Housseau (I, 226) au Cartulaire de Bourgueil (f° 43 v°), on lit : *... S. Odoni comitis qui firmare rogavit... Data mense octobris, in castello Caynonensi. Turonis, anno dominicæ Incarnationis DCCCCLXXVII, regnante Lothario rege* [1].

---

[1] Cf. dans Guérard, *Cartulaire de Saint-Père*, p. 62, une charte analogue du mois de février 977.

. Les Bénédictins ne sont pas aussi embarrassés. D. Housseau, en plusieurs endroits[1], fixe le décès de Thibaud à
l'année 978, qui a été adoptée par *l'Art de vérifier les dates*.
D. Villevieille, allant plus loin, nous en apprend le mois, —
février, — qu'il tire sans doute de la charte citée par
M. Landsberger, d'après Martène[2].

Les auteurs du *Recueil des Historiens de France*[3] ont
commis deux erreurs à ce sujet. La première consiste à dire
que Thibaud est mort en 990. La seconde, relative à son âge,
leur est commune avec les rédacteurs de *l'Art de vérifier les
dates* : elle a été réfutée par M. d'Arbois de Jubainville[4].

11

Sur un prétendu fils d'Eudes Ier, nommé Robert

M. d'Arbois de Jubainville[5] attribue à Eudes, — sur la foi
d'un acte mentionné par les *Annales Bénédictines*[6], et dont
le texte nous a été transmis par D. Housseau[7], — un sixième
enfant, nommé *Robert,* qui aurait été l'aîné. Cet acte, daté
de 989, consacre la restauration faite par Robert, vicomte
de Blois, de l'abbaye de Notre-Dame d'Evron, au diocèse
du Mans. Eudes Ier et ses fils l'ont souscrit.

---

[1] T. XXIV[t], f°s 311 r° et 319 v°. — T. XXV[t], f° 45 v°.

[2] *Thesaurus anecdotcrum*, I, 94. Cf. les *Tables chronologiques* de D.
Villevieille, t. XXXI de la *Collection de Touraine*.

[3] IX, p. 24, n. *a*.

[4] T. I, p. 135, n. 1.

[5] T. I, p. 190. — M. Landsberger n'en parle pas. M. Pfister l'admet sans
contrôle, mais, en revanche, établit la fausseté de l'attribution à Eudes et à
Berthe de deux autres enfants (p. 47, n. 2).

[6] T. IV, pp. 2-3. — Il a été connu aussi par les auteurs du *Gall. Christ.*,
XIV, col. 483, qui le citent, probablement d'après la copie de D. Housseau.

[7] I, 244. — Cat., n° 3.

Le document débute par un récit. D. Housseau nous dit
qu'on y raconte, d'après les *Acta Cenomanensium episco-*
porum, comment fut fondé le monastère et comment le lait
de la Vierge y fut apporté par un pèlerin.

Malgré la suscription, dans laquelle le vicomte Robert
parle à la première personne, l'acte prend ensuite la forme
d'une notice. On y trouve une longue énumération des biens
donnés ou restitués au monastère, biens tenus par Robert,
est-il dit, *de l'héritage de ses parents, et en fief de son*
seigneur, le comte Eudes.

L'acte fut porté successivement à Hugues Capet et au
pape Jean XVI (985-996) qui le confirmèrent. Mais les souscriptions de ces personnages ont paru apocryphes à D. Housseau, qui les traite d'*interpolationes.*

Viennent ensuite les *signa* d'*Eudes,* comte, de *Robert, son*
fils, de *Thibaud, son fils,* d'*Eudes, son autre fils,* et d'un
certain nombre de vassaux, dont les noms portent tous une
indication d'origine, comme cela se voit régulièrement à la
fin du xie siècle.

Le document continue par la mention de la mort du vicomte
Robert, à qui succéda son fils du même nom, lequel fit de
nouveau confirmer l'acte par le pape Benoît VIII (1012-1024).

Ce document invraisemblable, que D. Housseau a vu,
puisqu'il l'a tiré *ex archivis abbat. B. M. de Ebronio,* mais
sur l'aspect duquel il ne nous apprend rien, n'est donc point
une charte. C'est un acte informe, rédigé apparemment par
les religieux d'Evron à l'époque où, dans les abbayes, l'on
s'adonna sans scrupules à la falsification des textes, au
xiie siècle, et l'on ne peut, de ce chef, gratifier Eudes II d'un
nouveau frère.

Où le rédacteur a-t-il puisé le point principal de sa narration, c'est-à-dire le fait de la restauration du monastère et
de la restitution de ses biens? — C'est évidemment dans un
acte du *Cartulaire de Saint-Père*[1], où l'on voit un certain
indignus Rodbertus, perlascivis actibus admodum implicitus,
sans autre qualification, concéder à l'abbé Guibert, qui était
alors sur son lit de mort (984), sous la condition d'y envoyer
des moines, un lieu qu'il tenait de son seigneur, le comte

---

[1] T. I, p. 77 et suiv.

Eudes, *in Cinomannico pago situm, qui dicitur* Aurion, *vulgo tamen noncupante* Evron, *(ubi) ab antiquiori fuerat monasterium inibi Deo, magistrante patre* Benedicto, *servientium.* Le pape et le roi semblent avoir été consultés [1]. En tous cas, Eudes souscrivit, ainsi que son frère, Hugues, archevêque de Bourges, Liégarde, sa mère, et Berthe, sa femme [2].

III

Sur la date du mariage de Berthe, veuve d'Eudes Ier, avec le roi Robert

« Le veuvage de Berte avait été très court, dit M. d'Arbois de Jubainville (p. 191), car elle était déjà remariée au mois d'août 995, et son premier mari vivait encore moins de sept mois avant. »

Cette date est, croyons-nous, anticipée.

M. d'Arbois de Jubainville et les historiens qui l'ont précédé [3] appuient leur dire sur une charte extraite par Mabillon [4] des archives de Saint-Martin de Tours, commençant par ces mots : *Primo regnante Rotberto, in anno ubi Bertæ uxori suæ maritali connubio adhibitus est...* et ainsi datée : *Data in mense augusto, VIII anno regnante Hugone rege...*

Il y a là, certainement, une erreur chronologique, car Hugues Capet ayant été couronné le 3 juillet 987 [5], la huitième année de son règne va du 3 juillet 994 au 3 juillet 995. Ce serait donc, suivant cette charte, en août 994, c'est-à-dire avant la mort de son premier époux, que Berthe se serait remariée !

---

[1] *Regii insuper consensus accedente immunitate, conformidabili pontificum interminatione...* — Cf. le texte, *Cartul. de Saint-Père*, I, p. 78.

[2] M. A. Giry a établi la critique de ces actes devant ses auditeurs de l'Ecole pratique des Hautes-Etudes (conférence du 22 février 1882). Nous avons tiré grand parti de ses précieuses indications.

[3] D. Bouquet, X, 567-8.

[4] *Ann. Ben.*, éd. de 1707, t. IV, pp. 96, ch. XI, et 690, ch. XI.

[5] Cf. Lot, *op. cit.*, pp. 410-11.

Un autre détail nous engage à refuser notre confiance à cet acte. La première ligne (*Primo regnante Rotberto*) contredit la dernière (*VIII anno regnante Hugone*). C'est quand Hugues mourut que Robert régna. Et on ne peut avoir pris ici pour point de départ son couronnement, car il eut lieu le jour de Noël 987, à Orléans[1].

Mabillon était plus près de la vérité, quand il se contentait d'affirmer[2] que ce mariage avait dû avoir lieu peu de temps avant le rétablissement d'Arnoul sur le siège archiépiscopal de Reims, — lequel date de 997[3], — puisque, d'après une lettre de Gerbert, qui a été écrite la même année[4], ce rétablissement, ou tout au moins l'élargissement du prisonnier, aurait été accordé par Robert à l'abbé Léon, légat du Saint-Siège, en retour de la reconnaissance solennelle de son union[5].

En nous appuyant[6] sur une charte de 996[7], où Berthe prend encore le titre de comtesse, et, sur la donnée de Richer, nous placerions le second[8] mariage de Berthe après la mort de Hugues Capet (24 octobre 996), c'est-à-dire à la fin de l'année 996[9].

Et si le roi Robert, se plaignant sur ses vieux jours de ses enfants, s'entendait rappeler par Guillaume, abbé de Saint-Bénigne de Dijon, les inquiétudes que ses propres passions

---

[1] Cf. Pfister, p. 40.

[2] *Acta Sanctorum ord. Sancti Benedicti, sæc. VI, Præfatio*, p. XXIX.

[3] Richer, éd. Pertz, t. III, p. 657, ll. 25-6.

[4] Cf. la savante édition des *Lettres de Gerbert* donnée en 1889 par M. J. Havet, Paris, in-8°.

[5] *Ob confirmandum... Rotberti* novum *conjugium*... (Ed. Havet, ep. 181.)

[6] C'est aussi l'opinion de M. Kalckstein, *op. cit.*, I, p. 459, n. 1.

[7] Pièces justificatives, VI.

[8] C'était aussi le deuxième mariage du roi Robert, qui peu auparavant avait répudié sa première femme, Suzanne, veuve d'Arnoul, comte de Flandre. Cf. Pfister, pp. 43-6.

[9] *Rotbertus rex* patri succedens, *suorum consilio Bertam duxit uxorem, ea usus ratione, quod melius sit* parvum *aggredi* malum, *ut* maximum *evitetur*. (Richer, éd. Pertz, p. 657, ll. 19-20). — Sur la date de la mort de Hugues Capet, cf. Pfister, p. 50, n. 2.

avaient causées à Hugues et à Adélaïde, on n'en peut pas
conclure que Robert se soit marié de leur vivant [1]. Ce dernier
a attendu la mort de son père pour mettre son projet à exécution. Mais une phrase de Richer nous autorise à croire que,
dès 995-996, Berthe avait commencé d'actives démarches en
vue de son union, et que les parents du prince y avaient fait
une vigoureuse opposition [2].

IV

Sur la date du siège de Melun

Eudes, suivant M. d'Arbois de Jubainville, aurait fait ses
premières armes en 999, à ce siège de Melun, dont le récit
occupe une place si importante dans Richer (liv. IV, ch. LXXIV-
LXXIX). Après avoir exprimé dans son *Histoire des Comtes
de Champagne* (I, p. 196 et suiv.) l'opinion que cet événement
devait être daté de 999, malgré le lieu que lui assigne le
chroniqueur dans son œuvre, et que, par conséquent, le quatrième livre de Richer avait été rédigé après 999, M. d'Arbois
de Jubainville l'a reproduite — avec preuves à l'appui —
dans un article de la *Bibliothèque de l'Ecole des Chartes*
(1859, p. 393 et suiv.)

Quelle que soit la force apparente des arguments de
M. d'Arbois de Jubainville, nous croyons qu'on ne peut
adopter sa manière de voir [3]. Nous allons de point en point

---

[1] Cf. d'Arbois de Jubainville, I, pp. 191-2.

[2] *Berta Rotberto nubere volens, Gerbertum consulit, ac ab eo confu-
tatur.* (Richer, Pertz, III, p. 657, l. 15.)

[3] Cependant Blümcke (p. 85) l'a suivie.
. M. Pfister (pp. 104, 177 et 227-9) vient de la reprendre à son compte, mais
il laisse entière notre argumentation. Les preuves (p. 229, n. 6) tirées de deux
donations, notamment, ne nous paraissent pas péremptoires.
D'une part, les mots... *Rainaldus episcopus... dedit quasdam villas...
propter guerram et discordiam quæ tunc temporis erat inter patrem
suum nomine Burchardum et comitem Odonem...* ne contiennent pas
absolument ce qu'en tire M. Pfister, que « l'évêque de Paris livra deux
villages à Geoffroi, comte de Châteaulandon, *pour le décider à prendre les*

détailler ce qu'il cite comme militant en faveur de sa thèse.

Dans l'*Histoire des Comtes de Champagne*, M. d'Arbois de Jubainville ne donne qu'une raison [1] : c'est que Guillaume de Jumièges, relatant le siège de Melun [2], dit qu'il eut lieu trois ans avant la mort de Henri, duc de Bourgogne, laquelle « *paraît* appartenir », suivant *l'Art de vérifier les dates*, à l'année 1002 [3].

Voyons d'abord quel fonds l'on peut faire sur les données chronologiques de Guillaume de Jumièges. Dans le dernier paragraphe de la page 188 (E), le chroniqueur parle du mariage de Richard, duc de Normandie, avec Judith, sœur de Geoffroy, comte de Bretagne, qui eut lieu en 1008 [4]. — Le paragraphe suivant commence par les mots : *Tempore illo, cum Burchardus Milidunensis castri comes...*, et contient le récit des événements qui nous occupent. — Un troisième paragraphe enfin dit : *Annis abhinc tribus emensis, Henricus Burgondiorum dux moritur*. Ce décès date au plus tard de

---

armes en faveur de son père. » — Un récent éditeur de cette charte se contente de dire que « l'aliénation a eu lieu *pour payer l'intervention* du comte ». (Cf. J. Devaux, *Etude chronologique sur les comtes de Gâtinais*, dans *Annales de la Société historique et archéologique du Gâtinais*, Fontainebleau, 1885, in-8°, p. 75). M. Devaux identifie à bon droit le *Scabiosas* (alias *Cabiosas*, *Cabiosos* et *Cabiosis*) et le *Buxas* (alias *Buxis*), avec Echilleuses et Boësses (c°° de Puiseaux, Loiret), tandis que M. Pfister (*De Fulberti vita et operibus*, Paris, 1885, in-8°, p. 122, nn. 5 et 6) y voit Chauville, (c°° de Nonville, c°° de Nemours, Seine-et-Marne) et *Les Buits* (c°° de Puiselet-les-Marais, c°° de Milly, Seine-et-Oise). Mais il a tort, selon nous, de préférer au texte de Guérard (*Cartulaire de Notre-Dame de Paris*, Paris, 1850, in-4°, I, p. 326), celui de G. Dubois (*Historia ecclesiæ Parisiensis*, Paris, 1690, in-f°, I, p. 636), dont la leçon lui paraît *meilleure*. (Cf. *Annales* cit., pp. 81-2).

D'autre part, on ne peut affirmer qu'une chose, c'est que Bouchard céda le fief de Lisses, antérieurement au 26 octobre 999, à Hermenfroy, qui lui-même s'en dessaisit à cette date.

Dans la seconde édition de son *Histoire des institutions monarchiques de la France sous les premiers Capétiens* (Paris, 1891), M. Luchaire a déclaré que les arguments de d'Arbois de Jubainville et Pfister ne lui paraissaient « pas péremptoires » et qu'il adoptait la thèse de Kalchstein (*sic*), Waitz, Landsperger (*sic*) et Lex (t. II, p. 7, n. 2).

[1] I, p. 196, n. 1.

[2] D. Bouquet, X, p. 189.

[3] Cf. II, p. 495.

[4] D. Bouquet, X, 175 E.

1002; or, il aurait eu lieu, en suivant la filière chronologique
de Guillaume de Jumièges, trois ans après 1008. Et cette dernière année devrait être à peu près l'époque du siège de
Melun.

De plus, la mort de Henri de Bourgogne se rapporte-t-elle
certainement à l'année 1002? — Cela paraît acceptable à
Mabillon[1], mais est-ce satisfaisant de tous points? — Les
chroniqueurs ne s'accordent pas à ce sujet. Les dates fournies
par Raoul le Glabre (cf. Mabillon) et Guillaume de Jumièges
sont, nous l'avons vu, très discutables. Hugues de Flavigny[2]
donne 996, et le moine de l'abbaye de Saint-Victor, qui rédigea l'histoire des rois de France[3], adopte cette époque ou
environ. Hugues de Fleury[4], la chronique de Saint-Pierre-le-
Vif de Sens[5], celle de Saint-Martial de Limoges[6] et l'abré-
viateur des *Gestes des rois de France*[7], donnent 1001. Enfin,
Odoran[8], Aubry des Trois-Fontaines[9], la petite chronique
de Saint-Denis[10], la chronique de Saint-Martin de Tours[11] et
celle de Sainte-Colombe de Sens[12], donnent 1002.

Dans son article de la *Bibliothèque de l'Ecole des Chartes*,
M. d'Arbois de Jubainville commence (p. 394) par battre en
brèche la date de 998 assignée par Pertz[13] aux dernières lignes
de l'œuvre de Richer. Il faut reconnaître que l'objection est
faible et qu'elle ne tient pas, si nous nous en rapportons à

---

[1] *Ann. Ben.*, t. IV. pp. 150-1.

[2] D. Bouquet, X, 206 D.

[3] Id., X, 277 C.

[4] Id., X, 221 B.

[5] Id., X, 222 E.

[6] Id., X, 261 C.

[7] Id., X, 227 C.

[8] Id., X, 165 C.

[9] Id., X, 287 C.

[10] Id., X, 297 B.

[11] Id., X, 282 D.

[12] Id., X, 272 D.

[13] T. III, pp. 563 et 565.

Wattenbach[1] et à Landsberger[2], devant les conclusions de
Reimann[3].

M. d'Arbois de Jubainville invoque ensuite, en faveur de
sa thèse, l'ordre logique que Richer aurait pu adopter
ici de préférence à l'ordre chronologique. — Mais est-il
logique l'ordre en vertu duquel Richer a placé le siège de
Melun après l'abdication de l'évêque Arnoul et la dégra-
dation du prêtre Auger?

Vient l'argument principal de M. d'Arbois de Jubainville,
tiré de cette phrase du discours de l'émissaire d'Eudes au
gouverneur de Melun : « Penses-tu que la divinité (*divini-
tatem*) elle-même ne soit pas offensée, lorsqu'à la mort d'un
père, l'orphelin (*pupillus*) est dépouillé de son patrimoine et
réduit à rien?[4] » — L'allure même de cette phrase ne révèle-
t-elle pas que *nous sommes ici en présence d'un de ces*
« discours aussi peu authentiques que ceux de Tite-Live »,
dont Richer — M. d'Arbois de Jubainville (p. 393) le reconnaît
comme tous les autres critiques — a parsemé sa rédaction?

M. d'Arbois de Jubainville mentionne ensuite (p. 396) les
chroniqueurs qui donnent la date de 999. Mais, des six qu'il
indique, quatre (Oudry Vital, Hugues de Fleury, le chroniqueur de Saint-Pierre-le-Vif de Sens et celui de Saint-Denis)
sont à écarter de prime abord, car ils ne font que reproduire,
au sujet du siège de Melun, les quelques lignes consacrées à
cet événement par un texte antérieur, l'*Historia Francorum
Senonensis*[5], que M. d'Arbois de Jubainville n'a pas connu.
Il faut donc voir dans cette *Histoire des Francs* la source
première et unique de l'erreur. — Nous verrons à qui des
deux, de Richer ou du chroniqueur de Sens, nous devons
donner la préférence. Quant à Guillaume de Jumièges, nous
savons ce qu'il en faut penser.

---

[1] *Deutschlands Geschichtsquellen im Mittelalter*, Berlin, 1866, in-8°,
p. 257.

[2] Note 37.

[3] *De Richeri vita et scriptis*, Osnabrück, 1845. (Dissertation de l'Université de Breslau.)

[4] Richer, l. IV, ch. LXXV. — Trad. Guadet, II, 255.

[5] Pertz, III, p. 369. — Cf. avec ce texte D. Bouquet, X, 236 A, 220 D,
222 B, 305 CD.

Reste la vie de Bouchard, comte de Melun [1]. — Mais M. d'Arbois de Jubainville a tort de la citer, car, comme le fait remarquer très justement M. Landsberger, elle est plutôt contraire que favorable à sa thèse [2]. Après avoir rapporté plusieurs chartes royales de 989, 998 et 1000 (pp. 352-4), le biographe de Bouchard, revenant à son héros, commence ainsi le récit du siège de Melun : *His ita narratis, ad nostrum Burchardum reflectatur stylus.* Ce qui signifie que, considérant comme un pur hors-d'œuvre ces chartes dont il vient de parler, il reprend sa narration au point où il l'a laissée, c'est-à-dire à l'époque où Bouchard vient de recevoir Melun du roi Hugues (p. 350).

La dernière difficulté soulevée par M. d'Arbois de Jubainville (p. 397) est tirée du discours que se tenait Eudes pour s'encourager à reprendre Melun : « Cette place, disait-il, avait été tenue par son aïeul [3]. » — « L'aïeul d'Eudes II, c'est Thibaut le Tricheur, époux de Ledgarde, fille d'Herbert II, comte de Vermandois [4]. »

Faut-il prendre ce mot d'*aïeul* au pied de la lettre ? — Nous ne le croyons pas. Car, un peu plus loin, les grands, envoyés par Eudes au roi de France, après la perte de Melun, disent d'une façon générale, entre autres excuses, « que Melun appartint autrefois à ses *prédécesseurs* [5]. »

Que si l'on persistait à maintenir au mot *avus* son sens absolu, rien n'empêcherait de penser que Richer a voulu désigner par là, comme nous l'avons dit [6], Herbert de Vermandois, aïeul maternel d'Eudes Ier.

Avant de quitter M. d'Arbois de Jubainville, remarquons dans quel cercle vicieux il tourne au sujet de Melun. Dans son *Histoire* (t. I, p. 136, n. 2), il s'appuie sur les termes de la

---

[1] D. Bouquet, X, pp. 354-5.

[2] Pages 70-1.

[3] Trad. Guadet, p. 255. — ... *Cum illud (castrum) jam ab avo possessum sit...* (Richer, liv. IV, ch. LXXIV.)

[4] D'Arbois de Jubainville, *loc. cit.*

[5] Trad. Guadet, p. 263. — ... *Cum illud (castrum) a suis prævessoribus olim possessum...* (Richer, liv. IV, ch. LXXX.)

[6] Cf. ci-dessus.

revendication attribuée par lui à Eudes II pour établir que
Melun appartint à Thibaud le Tricheur. Dans son article, au
contraire (p. 397), il s'appuie sur la possession de Melun par
Thibaud le Tricheur pour rapporter le siège de cette ville à
Eudes II et dater l'événement de 999.

L'opinion que nous soutenons à l'encontre de M. d'Arbois
de Jubainville n'est pas neuve. Elle a été émise dès 1840[1] par
M. Guérard dans un article sur Richer publié par le *Journal
des Savants* (p. 548), adoptée successivement par M. Guadet
(1845, I, p. LXXXVI, II, p. 393) et M. Poinsignon (1855,
p. 529), dans leurs traductions, et par Reimann (1845, pp. 35-6)
dans son travail sur le chroniqueur, reproduite par Kalckstein
dans son *Histoire de la Royauté française sous les premiers
Capétiens* (I, p. 433, n. 2), par M. Aubineau dans un volume
des *Mémoires de la Société archéologique de Touraine*[2], et
enfin démonstrativement établie par M. Landsberger[3] (pp. 69-
71).

Nous prétendons : 1º que l'affaire de Melun ne doit pas être
rattachée à l'histoire d'Eudes II ; — 2º qu'on ne peut la dater
que de l'année 991.

Le siège de Melun aurait été fait, nous dit-on, par Eudes II,
en 999 au plus tard. Le jeune Eudes avait à cette époque au
maximum 17 ans[4]. Cet âge seul, — bien qu'au moyen âge
la vie active des hommes commençât de bonne heure, — doit
faire naître le doute dans les esprits, outre qu'il n'est pas en
rapport avec certaines phrases de Richer, qui dénotent chez
le personnage une expérience militaire déjà faite[5].

---

[1] Pertz qui, le premier, a édité Richer — au t. III (p. 561 et suiv.) des
Monumenta, et non au t. V (*Bibl. de l'Ec. des Chartes*, p. 393, n. 1) —
évite, dans le contexte, de dater le siège de Melun et les guerres d'Eudes avec
Foulques (ch. 74-99), mais il est clair qu'il ne rapporte pas ces événements à
l'année 999, puisqu'il prétend que Richer a cessé d'écrire en 998.

[2] T. III, 1847, pp. 73-4.

[3] Cet auteur ne répond pas directement aux objections formulées dans la
Bibl. de l'Ecole des Chartes; il n'a pas eu connaissance de l'article de
M. d'Arbois de Jubainville.

[4] Cf. ci-dessus.

[5] ... *Miserrimum fore, quod in Sequana fluvio transmittendis exer-
citibus nullus sibi transitus pateret.* (Ed. Pertz, III, p. 648, l. 33.) — Ce

Et comment ce jeune homme, que M. d'Arbois de Jubainville a raison de nous représenter « n'ayant, comme cadet,
qu'une part minime dans la succession paternelle, car cette
succession était presque tout entière entre les mains de
Thibaut II, son frère aîné[1], » comment ce jeune homme nous
serait-il montré par Richer possesseur de plusieurs ports
sur la Loire et maître de plusieurs armées[2]? (Ch. LXXIV).

D'autre part, il est certain que Richer place au temps du
roi Hugues le siège de Melun : « La nouvelle de cet événement,
dit-il, arriva bientôt aux oreilles des rois[3]. » (Trad. Poinsignon, p. 457.) Or, en 999, Robert régnait seul. Mais, couronné le jour de Noël 987 à Orléans, il avait été roi conjointement avec son père jusqu'à la mort de celui-ci[4] (24 octobre
996). Eudes II n'aurait donc pu avoir affaire à plusieurs rois
qu'une seule année durant, en 995-6, à l'âge de 14 ans !

Ce siège, du reste, se rattache logiquement à une série de
faits qui marquent les premières années de la royauté nouvelle[5]. « Réduit à l'impuissance, dit l'envoyé d'Eudes, le roi
vit sans gloire, tandis que la prospérité accompagne toujours
Eudes. » (Trad. Poinsignon, p. 457.) — Cette phrase s'applique
parfaitement à Hugues Capet, dont les débuts furent, on le
sait, très pénibles, et à Eudes Ier qui venait d'enlever à
Foulques d'Anjou une partie de la Bretagne[6]. Mais comment

n'est pas non plus de ce jeune homme que son propre émissaire aurait osé dire
au gouverneur de Melun : *Quis enim inter primates Odone pctentior?...*
— ... *Cum... Odonem prosperior semper sequatur successus...* (Id., *ibid.*,
p. 648, l. 48, et 649, l. 3.)

[1] *Bibl. de l'Ecole des Chartes*, pp. 396-7.

[2] Cela prouve qu'il ne faut pas attacher une valeur absolue à toutes les
expressions de Richer, puisque celui-ci, quelques lignes plus loin (LXXV) dit
qu'Eudes est *réduit à rien* (Guadet), — *absque re.*

[3] M. d'Arbois de Jubainville déclare que ce « pluriel », fort embarrassant
pour sa thèse, est tout simplement « une erreur » de Richer. (*Bibl. de l'Ec.
des Ch.*, p. 397.) Or, on sait qu'en ce qui concerne les noms et les individus,
Richer est très généralement exact.

[4] Pfister, *op. cit.*, pp. 40 et 50.

[5] Cf. l'article de M. Guérard dans le *Journal des Savants*, p. 548.

[6] Cf. Richer, liv. IV, ch. LXXIX.

l'expliquer avec Robert, qui venait de battre le même Foulques [1] (997), et avec le jeune Eudes II?

Il est à remarquer aussi qu'après avoir décrit la tentative d'Eudes sur Melun et ses guerres avec Foulques, Richer raconte sa mort (ch. XCIV), bien connue d'ailleurs, et que des circonstances caractéristiques distinguent nettement de celle de son fils et successeur Eudes II [2].

M. Landsberger (p. 69) invoque encore une autre preuve. Il lui paraît invraisemblable que Berthe, alors femme de Robert, ait laissé son royal époux, sur qui elle avait une influence sans limites, combattre le fils issu de son premier mariage, — quand surtout l'on voit peu avant (997) le même prince soutenir la maison de Blois contre celle d'Anjou [3].

De la date à laquelle Richer a rédigé les dernières pages de sa chronique et de la place qu'il assigne dans son œuvre au récit du siège de Melun, on doit conclure que cet événement se rapporte à l'année 991.

La fin de la chronique proprement dite a été écrite par Richer en 995, car les derniers événements qu'elle contient, la mort d'Eudes et le concile de Mouzon, se réfèrent à cette année même. Les quelques paragraphes qui suivent en appendice, et dans lesquels sont relatés les principaux faits de l'histoire de 995 à 998, ont été ajoutés par l'auteur, au jour le jour probablement, par manière de *memento*, en vue de la continuation de son travail [4].

Quant à la place occupée dans la chronique par le récit du siège de Melun, elle est convaincante. L'ordre chronologique, dans le IVᵉ livre, est rigoureusement observé. Le récit qui nous intéresse est régulièrement intercalé entre des événe-

---

[1] Cf. Richer, éd. Pertz, p. 657, ll. 21-2.

[2] Cette dernière, d'autre part, ne pouvait être rapportée par Richer, dont la chronique s'arrête à l'année 998.

[3] Cf. Richer, éd. Pertz, p. 657, l. 21. — Nous ajouterons que durant l'union de Berthe et de Robert, le jeune Eudes vécut à la cour où le roi prit soin de le faire élever au milieu des jeunes seigneurs de son entourage. (D. Bouquet, X, 350).

[4] On croit vraisemblablement que Richer a suivi Gerbert en Italie, lorsqu'il monta sur le siège épiscopal de Ravenne, en 998. Ainsi aurait été interrompue sa rédaction. (Cf. Guérard, *loc. cit.*, p. 479.)

ments qui sont datés d'ailleurs, entre l'emprisonnement de
Charles de Lorraine, au mois de mars 991 (XLVII) et les
premières guerres d'Eudes avec Foulques d'Anjou, en 991 et
992 [1] (LXXIX.)

Le siège de Melun a donc eu lieu dans la seconde moitié de
l'année 991, et on ne peut trouver étrange qu'il « précède de
vingt-cinq pages la nomination de Gerbert à l'archevêché de
Ravenne, qui eut lieu en 998 [2]. »

L'*Historia Francorum Senonensis* [3], qui seule donne la
date de 999, peut-elle infirmer notre dire? — Nous ne le
croyons. On n'ose mettre en balance Richer, contemporain de l'événement qui nous occupe, avec l'auteur de la
chronique de Sens, qui n'est pas mort avant 1034, — c'est-à-
dire longtemps après Richer, — puisque le dernier fait qu'il
relate se réfère à cette année-là.

Richer a même été plus qu'un contemporain. Il a pu
d'abord entendre les récriminations d'Eudes et avoir ensuite
des nouvelles certaines de son entreprise. Nous savons, en
effet (liv. IV, ch. L), qu'au mois de mars 991, sur l'invitation
du clerc Herbrand, son ami, il se rendit à Chartres [4], pour
étudier la « théorie d'Hippocrate [5] », et il y devait être encore
lorsque se fit le siège de Melun. Les détails qu'il nous donne
ont pu être puisés à bonne source, et il y a tout lieu de les
croire exacts.

V

Sur la prétendue intervention d'Eudes II
en Bourgogne

M. d'Arbois de Jubainville fait poursuivre à Eudes ses
débuts militaires dans la guerre du roi Robert contre Otte-

---

[1] Cf. les tables chronologiques dressées par MM. Guadet (II, pp. 390-5) et
Poinsignon (pp. 526-32.)

[2] D'Arbois de Jubainville, *Bibl. de l'Ecole des Ch.*, p. 394.

[3] Pertz, t. IX, pp. 368-9.

[4] Cf. Kalckstein, *op. cit.*, p. 480.

[5] *Logicum Yppocratis*. Cf. Poinsignon, p. 422, n. 2.

Guillaume au sujet de la Bourgogne. Ici, pas plus que dans
l'affaire de Melun, M. d'Arbois de Jubainville ne nous paraît
avoir eu raison de faire intervenir le jeune Eudes.

Voici les faits. Henri, duc de Bourgogne, fils de Hugues le
Grand, duc de France et de Bourgogne, par conséquent
frère de Hugues Capet et oncle de Robert, mourut vers 1002
sans enfants[1]. Mais il laissait de sa femme, Gerberge,
un beau-fils, qui réclama et envahit le duché. Robert marcha
contre lui et « Eudes eut soin de se rendre au camp ennemi,
mais il ne paraît pas y avoir joué un rôle important[2] ».

M. d'Arbois de Jubainville a fait dire au chroniqueur qu'il
cite[3] autre chose et plus que celui-ci ne voulait dire : *Quo in
tempore rebellaverunt contra Robertum, Francorum regem,
Odo Tebaldi Fallacis nepos* (sic), *et Willelmus, Heinrici ducis
privignus...* Considérée en elle-même, cette phrase évidemment unifie la révolte des deux personnages et en fait
une seule et même entreprise. Rapprochée du texte de Raoul
le Glabre[4], dont elle n'est que le résumé, elle prend une
signification différente. Qu'on en juge plutôt : *...Roberio rege,
plurimas ei intulere sui contumeliæ insolentias... Inter
quos fuit Odo rebellionum maximus, qui fuit filius Tebaldi
Carnotensis... Quorum non dispar fuit secundus Odo...
Necnon etiam Willermus, Henrici ducis privignus..., eidem
regi aliquando rebellis extitit...* Cette énumération des
grands seigneurs qui ont lutté contre le pouvoir royal, Hugues
de Flavigny l'a abrégée, et c'est de cette abréviation même
qu'est née l'obscurité de sa phrase[5].

L'opinion de M. d'Arbois de Jubainville n'est appuyée par

---

[1] Cf. ci-dessus.

[2] D'Arbois de Jubainville, I, p. 202. — Hirsch (*Iahrbücher des deutschen
Reichs unter Heinrich II*, Berlin, 1862-4, 2 v. in-8°), que Landsberger accuse
d'avoir émis la même idée, est cependant moins précis : *Wie können wir
zweifeln dass die Gegner der französischen Kron sich um Otto-Wilhelm
sammelten' und dass, wenn es Ihnen gelang, diesem das Herzogthum
bestimmt war.* (I, p. 385.) — Cf. Landsberger, pp. 22 et 71-3.

[3] D. Bouquet, X, 208 D.

[4] Id., X, 27 A.

[5] D. Bouquet lui-même a été embarrassé : *Vix crediderimus res, tempora
et personas ab Hugone hic non confundi* (p. 208, n. d.)

6

aucun autre texte. Or, il serait vraiment étrange que les chroniqueurs[1] qui nous ont laissé un récit, et un récit détaillé, de la lutte de Robert contre Otte-Guillaume, n'aient pas mentionné la prétendue part prise par le jeune Eudes à ces événements, si surtout elle l'avait été dans le sens indiqué.

VI

Sur une charte qui donne à Thibaud le titre d'évêque

Thibaud avait-il été évêque comme certains l'ont pensé? — Nous ne le croyons pas.

Dans son récit de la nomination de Ménard à Saint-Père, Lepelletier[2] dit qu'il « étoit désigné évêque de Chartres. » — En jetant un coup-d'œil sur la lettre de Fulbert[3], on voit que cette assertion résulte d'un contre-sens qui consiste à avoir appliqué au comte Thibaud une phrase qui se rapporte au doyen Raoul.

Mais, en outre, il y a une charte[4] dans le texte de laquelle Thibaud prend le titre d'évêque, sans désignation de siège (997-1001).

Dom Anselme Le Michel[5] l'expliqua en identifiant le jeune comte avec un saint Thibaud, archevêque de Vienne en Dauphiné, sur lequel les *Acta Sanctorum*[6] donnent quelques détails. Il a du moins reconnu son erreur, puisqu'en marge on lit : *Error continuus et meræ nugæ*.

Dom Housseau[7] reprit à on compte l'affirmation et en

---

[1] Cf. D. Bouquet, X, 20 B-E, 171 C-E, 189 CD, 302 E-303 A.

[2] *Hist. des Comtes de Champagne et de Brie*, t. I, p. 31.

[3] D. Bouquet, X, 444 C.

[4] Pièces justificatives, VIII.

[5] *Histoire de l'abbaye de Marmoutier*. Bibl. de Tours, mns. 1387, f° 20 r° et v°.

[6] Mai, 21, t. V, p. 47. — Juin, 30, t. V, p. 593.

[7] T. XXVI, f° 467 r° et v°.

conclut que Thibaud avait « cédé son droit d'aînesse à Eudes, en entrant dans les ordres. »

Enfin, M. Salmon la reproduisit[1]. Il la tenait sans doute de D. Anselme Le Michel, à qui il emprunte cette idée que le fait s'explique naturellement par le lien de parenté qui unissait Thibaud au roi de la Bourgogne supérieure, dont Vienne était la capitale.

Nous objecterons d'abord que la charte de la reine Berthe est d'une authenticité douteuse[2]. Les *signa* font preuve de la recherche intentionnelle d'un archaïsme trop accentué.

De plus, Thibaud y est dit *évêque*. Or, Vienne était le siège d'un archevêché.

Ensuite, M. Hauréau[3] a établi que l'archevêque de Vienne, qui portait ce nom, l'était dès 970, date qui ne se concilie pas avec l'âge de notre jeune comte.

Des textes rapportés par les Bollandistes, on ne peut rien tirer en faveur de la thèse que nous combattons. — Ils disent que saint Thibaud, ermite, naquit à Provins et fut baptisé par l'archevêque de Vienne et par Thibaud, fils d'Eudes, comte de Champagne, qui étaient alliés ou parents[4], — faisant ainsi de l'archevêque (970-1000) et du comte (1063-1089) des contemporains. Ils savent, en outre, où et comment l'archevêque Thibaud mourut[5].

Enfin, la lettre que Fulbert, le futur évêque de Chartres[6], écrivit peu avant la mort de Thibaud, ne qualifie ce dernier que de *juvenis* et de *comes*. — Rien ne donne donc à penser qu'il ait jamais été évêque, même désigné.

---

[1] Bibl. de Tours. Legs Salmon. Mns. 1224, pp. 520 et 638.

[2] Cf. l'appendice I (Diplomatique).

[3] *Gall. Christ.*, XVI, col. 61.

[4] Juin, 30, t. V, p. 593.

[5] Mai, 21, t. V, p. 47.

[6] Il le devint, suivant M. L. Auvray (*Positions des thèses soutenues le 26 janvier 1885 à l'Ecole des Chartes. Etude sur Fulbert, évêque de Chartres*), en automne 1006, et non en 1007.

VII

Sur la date et sur l'objet de la lettre adressée par le comte Eudes au roi Robert

Au sujet de cette lettre, M. Landsberger émet deux opinions qui toutes deux nous semblent sujettes à caution.

Il croit, en premier lieu (n. 107), qu'elle ne se rapporte pas à la succession au comté de Troyes, et, en second lieu (n. 114), qu'elle date du commencement de l'année 1023.

En effet, dit-il, cette lettre ne parle pas de territoires qu'Eudes prétend devoir lui être inféodés, mais de domaines que, depuis un certain temps déjà, il tient (*quod mihi dedisti...,* — *honorem quem dederas mihi*, etc...) — De plus, si on la fait dater de 1023, on s'explique mieux, d'une part, le caractère des relations qui existaient alors entre le roi et le comte, et, d'autre part, les circonstances dans lesquelles eut lieu l'assemblée de Verdun.

Il semble cependant bien établi que le roi, renonçant tout d'abord à lutter contre Eudes, quand s'ouvrit la succession d'Etienne, l'a ensuite, sinon investi, du moins toléré. En tous cas, les premières difficultés étaient certainement aplanies dès 1021, année où nous trouvons Eudes en compagnie du roi au château de Verberie [1]. On conçoit donc qu'Eudes dise de la Champagne que le roi la lui avait *donnée*.

Et c'est si bien de la Champagne qu'il s'agit qu'on chercherait en vain à quel domaine Eudes aurait pu appliquer ces mots : *Daret Dei gratia quod* hereditabilis *sim...* Et encore, et surtout : *Si ad qualitatem beneficii quod mihi dedisti constat quia* non est de tuo fisco, *sed de his quæ mihi* per tuam gratiam *ex majoribus meis* hereditagio jure *contingunt.* Dans quelle autre affaire aurait-il pu faire valoir ce droit ?

---

[1] D. Bouquet, X, 603-4.

Cela étant admis, la place de cette lettre est toute naturelle après l'entrevue d'Ivois. Robert y aura été encouragé à la résistance et il aura formé, peut-être même tenté d'exécuter[1] le projet de revenir sur ses concessions antérieures.

La date de la lettre d'Eudes au roi Robert doit donc être fixée à l'année 1025 (D. Bouquet, X, p. 501) ou peut-être à 1024, comme le pense M. d'Arbois de Jubainville (p. 256, n. 1.)

VIII

Sur la date du siège de Vienne

M. d'Arbois de Jubainville ne nous paraît pas autorisé à faire faire par Eudes, en 1036, une expédition dans laquelle il aurait assiégé Vienne et pris des mesures en vue d'une cérémonie de couronnement (pp. 335 et 337). Cette expédition, nous l'avons placée en son temps ; elle ne fait qu'un avec la première campagne d'Eudes en Bourgogne[2]. — A la vérité, le chroniqueur sur lequel se règle M. d'Arbois de Jubainville, Hugues de Flavigny, intercale le siège de Vienne dans son récit de la défaite d'Eudes en Lorraine. Mais comment est-il amené à en parler ? — Après avoir mentionné la bataille de Bar, à l'année 1037, il remonte à l'origine de la lutte qui s'est élevée entre Eudes et Conrad au sujet de la Bourgogne, et dont il n'a rien dit encore : *Venianus igitur jam nunc ad illud lacrymabile bellum... Et ut plenius illucescat rei veritas, dicamus quœ fuerit causa tanti certaminis..... Rodulfus vero rex absque liberis existens.... Eo vero defuncto..., Odo... irrupit fines Burgundiœ, obtinuitque civitates et castella.... Obsedit quoque Viennam... Infra hunc terminum expeditionem movit in regnum Lotharingiœ, et Bar castrum cepit* [3].

---

[1] *Honorem quem dederas mihi* tollere nisus es. (D. Bouquet, *loc. cit.*) — Robert porta des accusations contre Eudes à l'assemblée de Verdun. Or, il ne pouvait l'attaquer que pour les affaires de Champagne. En ce qui concernait la Lorraine, c'était à l'empereur d'agir.

[2] Cf. ci-dessus.

[3] D. Bouquet, XI, p. 143 D-E.

On le voit, Hugues de Flavigny place le siège de Vienne tout à fait à l'origine de la guerre. Et si, d'autre part, il le fait suivre de l'expédition de Lorraine de 1037, c'est que, postérieur d'un siècle aux événements qu'il rapporte, il confond sans doute cette seconde expédition avec la première que fit Eudes en 1033 [1].

IX

Sur la date du siège de Toul

C'est en 1036 encore, — au mois d'octobre, — que M. d'Arbois de Jubainville [2] fait faire le siège de Toul par Eudes, — événement qu'il rapproche de la dernière expédition de Lorraine (1037) et qui, par suite, en est, selon lui, le commencement. — La date de l'année, dit M. d'Arbois de Jubainville (p. 336, n. 1), est donnée par un seul chroniqueur, Sigebert de Gembloux [3]. — Mais à cela nous faisons la même réponse que tout à l'heure. A propos d'un fait saillant, qu'il place sous la rubrique de telle ou telle année, Sigebert rapporte toutes les causes et toutes les conséquences de ce même fait.

Ainsi, dans le paragraphe qu'il consacre à l'année 1035, il mentionne les révoltes des seigneurs bourguignons contre Rodolphe, le choix fait par celui-ci de Conrad, etc. Dans le paragraphe suivant (1036), les revendications d'Eudes, ses négociations premières avec l'empereur, ses guerres contre celui-ci, les incursions en Lorraine et le siège de Toul.

Outre que la datation des événements est parfois, on le voit, fautive, il est évident que l'ordre chronologique n'est pas non plus rig... usement observé.

Mais nous pouvons opposer à Sigebert de Gembloux un autre chroniqueur que M. d'Arbois de Jubainville n'a pas connu, un chroniqueur contemporain et témoin des faits qui nous

---

[1] MM. Giesebrecht (II, p. 273) et Landsberger (p. 50 et n. 174) inclinent aussi en faveur de la date que nous avons adoptée.

[2] I, p. 336.

[3] D. Bouquet, XI, 163 B.

occupent : c'est le moine de Saint-Mihiel, à qui nous devons
les annales de son monastère [1]. Il a cessé d'écrire vers 1034 :
le dernier fait qu'il relate, — l'arrivée des reliques du pape
Calixte à Haréville [2], — se réfère au mois de mai de cette
année. Et il place immédiatement avant, les campagnes
d'Eudes contre Conrad, le siège de Toul et toutes les circonstances qui s'y rattachent.

Une chose vient à l'appui de son récit. Il nous apprend que
Conrad, voulant tirer vengeance des déprédations commises
par Eudes autour de Toul, s'arrêta à Saint-Mihiel avec ses
troupes. Or, Mabillon analyse une charte, du 20 août 1033,
dans laquelle l'empereur confirme les biens de l'abbaye de
Saint-Epvre de Toul, et qui est ainsi datée : *Datum XIII kal.
septembris, anno ab Inc. MXXXIII... Actum ad monasterium
Sancti Michaëlis supra Mosam.* (*Ann. Ben.*, IV, éd. de 1707,
p. 384.)

---

[1] Ed. Pertz, t. IV, pp. 78-86.

[2] Vosges.

APPENDICES

I

DIPLOMATIQUE

Première Période (995-1004)

Les chartes qui ont été expédiées par les comtes de Blois entre 995 — date de la mort d'Eudes Ier — et 1004 — année de l'avènement d'Eudes II, — le sont presque toutes au nom de Berthe, qui avait sans doute la tutelle de ses enfants. Elle y remplace, à partir de 996-997, le titre de *comtesse* par celui de *reine*. On trouve celui-ci, pour la première fois, dans un diplôme royal d'avril 998 [1]. Elle le prend encore après 1005 — époque probable du second mariage d'Eudes, — dans une charte où elle figure avec Hermengarde [2]. Mais, dans un acte de 1009 à 1012 [3], elle se donne la qualité de *comtesse*.

Elle signe tantôt avec ses deux fils [4] et sa fille [5], tantôt avec Eudes seul [6]. Quelquefois, son nom suit ceux de Thibaud et d'Eudes [7]. Ces derniers prennent toujours le titre de *comtes* [8]

---

[1] D. Bouquet, X, 574.

[2] *Cartulaire de Saint-Père de Chartres*, I, 96.

[3] Catalogue, n° 24.

[4] Cat., 8.

[5] Cat., 13.

[6] Cat., 9.

[7] Cat., 8.

[8] Sur la qualité d'évêque donnée à Thibaud (Cat., 10), cf. la note VI.

Un acte (995-1004) nous montre Thibaud et Eudes agissant seuls[1]. Nous avons aussi une charte expédiée (999-1004) uniquement par Thibaud[2] : c'est une concession de mainferme.

Sur les cinq documents de cette époque, dont nous avons le texte exact et complet, quatre sont des chartes proprement dites[3], le cinquième est une notice[4].

L'invocation revêt une forme particulière dans la charte d'Eudes et de Thibaud[5] : *In nomine sanctæ Trinitatis et individuæ Unitatis.*

L'une des chartes émanées de Berthe commence immédiatement par un préambule d'ordre religieux[6].

La suscription, l'adresse, l'exposé, le dispositif, les clauses finales et l'annonce des signes de validation, — en un mot, toutes les parties constitutives d'une charte proprement dite, se retrouvent dans ces actes[7].

Les formules finales sont généralement injonctives et comminatoires : on y menace le réfractaire ou l'infracteur de la colère de Dieu[8], de la malédiction du Christ et des flammes de l'enfer[9].

Nous trouvons aussi une clause pénale qui édicte une amende de cent livres d'or[10].

La partie intéressée dans l'acte signe généralement. Berthe et Thibaud apposèrent une fois le signe de la croix[11].

Puis viennent les souscriptions de nombreux témoins[12].

---

[1] Cat., 7.

[2] Cat., 6.

[3] Cat., 7, 10, 6 et 13. — Nous avons eu soin de noter parmi nos documents ceux dont les copies proviennent, soit de cartulaires, soit d'originaux. On comprend l'importance de cette distinction.

[4] Cat., 8.

[5] Cat., 7.

[6] Cat., 13.

[7] Cat., 7 et 13.

[8] Cat., 7 et 10.

[9] Cat., 13.

[10] Cat., 13. — Cette amende est tellement excessive qu'elle ne semble pas avoir pu être exigible à cette époque.

[11] Cat., 4 et 7.

[12] Cat., 7, 10, 13.

Dans une charte de 997-1001, les noms de quelques témoins
sont écrits en lettres grecques, comme cela se faisait aussi au
IXᵉ siècle et au commencement du Xᵉ pour l'invocation. Mais,
d'une part, le manque de solennité dans un acte de cette
importance, d'autre part, le titre d'évêque qu'y prend
Thibaud, et la contradiction qui existe dans ce document
entre sa forme personnelle et le qualificatif de *notitia*, nous
font mettre en doute son authenticité [1].

Un seul acte est daté. Les indications topographique
(Blois) et chronologiques (mois, an de l'Incarnation, année
du règne de Robert) suivent les seings [2].

La charte de Thibaud [3] est rédigée sous la forme imper-
sonnelle dans sa première moitié. Ce n'est pas une notice, car
le comte y prend ensuite la parole. Elle a, du reste, une
invocation, une double adresse et une date très complète,
dont l'élément géographique (Châteaudun) est séparé par la
liste des témoins de l'élément chronologique (mois, année du
règne de Robert).

Ces actes se donnent eux-mêmes le nom de *cartula* [4] ou
de *testamentum* [5].

La notice de la comtesse Berthe et de ses fils (996) se
compose d'un court exposé, suivi d'un long dispositif. Les
formules comminatoires consistent dans la menace de la
malédiction du Seigneur, de la privation du ciel, de l'éter-
nité des peines. Après les noms de la comtesse, de ses fils et
des témoins, vient la date — très détaillée pour une notice
(lieu, an de l'Incarnation, indiction, année du règne de
Hugues Capet). Cet acte commence par le mot *noticia*, mais
il prend ensuite le nom d'*autoritas* [6].

---

[1] Cat., 10. — Cf. ci-dessus.
[2] Cat., 13.
[3] Cat., 6.
[4] Cat., 6 et 13.
[5] Cat., 7.
[6] Cat., 8.

Seconde Période (1004-1037)

Sur une vingtaine d'actes expédiés au nom d'Eudes lui-même [1], de 1004 à 1037, il faut compter douze chartes proprement dites [2] et huit notices [3].

Malgré les divers degrés de solennité dont sont empreintes les chartes, il serait difficile de les classer par catégories. — Telle, en effet, commence par une surabondance de préambules d'ordre religieux, qui manque finalement de date [4]. Telle autre, dont la suscription suit immédiatement l'invocation, a, au contraire, une date à la fois géographique et chronologique [5]. L'emploi des *parties* du *discours diplomatique* n'y a donc pas lieu suivant des règles constantes.

Aucune n'est parfaite. Celle de la fondation de l'abbaye d'Epernay (1032) n'a ni invocation, ni annonce des signes de validation [6]. A celle de l'établissement du pont de Tours (1033-1037), il manque la date et l'invocation [7].

Quatre d'entre elles ont une invocation : *In nomine summi Salvatoris Dei* [8], — *regis æterni* [9], — *sanctæ et individuæ Trinitatis, Patris et Filii et Spiritus sancti, Amen* [10]. La quatrième est rédigée sous une forme spéciale : *Domino Jesu Christo rerum conditore præsidente* [11].

---

[1] Sept originaux existent encore, savoir : deux aux Archives Nationales (Cat., 37 et 70), trois aux Archives de Loir-et-Cher (Cat., 40, 58 et 67), un aux Archives d'Eure-et-Loir (Cat., 20), un aux Archives de la ville de Tours (Cat., 56).

[2] Cat., 33, 48, 51, 53, 54, 56, 62, 63, 65, 69, 70, 71.

[3] Cat., 18, 20, 28, 30, 31, 40, 57, 66.

[4] Cat., 47, 56, 62, 63.

[5] Cat., 51.

[6] Cat., 53.

[7] Cat., 56.

[8] Cat., 71.

[9] Cat., 51.

[10] Cat., 70.

[11] Cat., 54.

L'acte commence plus souvent par le préambule [1], quelquefois très long [2] et très important. C'est toujours le commentaire d'un ou deux versets tirés de l'Écriture Sainte [3], ou une série de réflexions humanitaires et dévotes justifiant le dispositif. D'autres fois, Eudes dit agir pour assurer « la rémission de ses péchés, le repos de son âme et de celle des siens [4] », ou pour « imiter la générosité traditionnelle de ses parents [5]. »

La suscription est parfois enchâssée dans les considérants du préambule [6], mais ordinairement elle les suit. Eudes y prend les titres de : *comes* [7], — *gratia Dei comes* [8], — *Francorum comes palatinus* [9], — *comes palatinus Francorum regis* [10], — *gratia Dei palatinus comes* [11]. Jamais ces titres ne sont suivis d'un nom de fief.

L'adresse affecte diverses formes : *Noscant cuncti fideles Christi præsentes et futuri* [12]. — *Omnibus sanctæ Dei ecclesiæ filiis, tam præsentibus quam futuris notum esse volo* [13]. — *Notum fieri volumus tam futuris quam præsentibus* [14]. — *Notum hymmo et percognitum esse volumus cunctis sancte*

---

[1] Cat., 33, 63, 65, 69, 62, 53, 48, 56.

[2] Cat., 62, 53, 56.

[3] Cat., 62.

[4] Cat., 65, 70, 62.

[5] Cat., 54.

[6] Cat., 53, 63.

[7] Cat., 63, 69, 62, 65, 47, 51, 56

[8] Cat., 33, 71.

[9] Cat., 70.

[10] Cat., 53.

[11] Cat., 54.— Eudes prend aussi ce titre dans un diplôme de 1021 (Cat., 41) et dans des chartes de 1031 (Cat., 53) et de 1034 (Cat., 59). Blumcke (pp. 85-6 et 89-90) croit qu'il l'a acquis avec le comté de Beauvais en 1015, parce que Hugues de Beauvais l'avait porté (D. Bouquet, X, 27 D). Mais de ce que Eudes ne signe pas en cette qualité avant 1021, on peut supposer avec Lepelletier (p. 54, n. *a*) et Landsberger (n. 244), qu'il la tenait des comtes de Champagne de la maison de Vermandois.

[12] Cat., 51.

[13] Cat., 54.

[14] Cat., 70.

Dei ecclesie fidelibus presentibus scilicet ac futuris[1]... Elle manque quelquefois[2].

Il y a presque toujours, avant le dispositif, un exposé qui indique le motif immédiat de l'acte : ce motif n'est souvent autre chose que la prière de la partie intéressée[3].

La seule charte qui renferme une clause finale comminatoire est probablement fausse[4].

L'annonce des signes de validation est parfois précédée d'une formule par laquelle Eudes associe les siens à ce qu'il fait : *Hec omnia illis concedo per deprecationem uxoris mee assensuque filiorum meorum*[5]..... — *Facio autem hoc assensu*[6], etc.

Elle, ne manque jamais. Tantôt, elle mentionne l'apposition du *signum*, du *manus propriæ caracter*, du *signum sancte crucis :* ... *signo meo corroboro fideliumque meorum manibus corroborandam trado*[7]...,— *manus propriæ caractere corroboravi*[8]..., — *manu propria subterfirmavimus*[9]..., — *manu propria per signum sancte crucis adfirmavimus*[10]...,— *propria manu subscripsi*[11]... Tantôt, elle indique simplement que les noms des témoins vont suivre : *Assistunt fidissimi testes et corroborantes*[12]... — *Meo nomine nominibusque fidelium meorum corroborari jussi*[13].

Quatre chartes seulement ne mentionnent pas le *signum* d'Eudes[14]. Plusieurs fois, nous le voyons effectivement suivi

---

[1] Cat., 71.

[2] Cat., 33, 48, 53, 56, 62, 63, 65.

[3] Cat., 51, 48, 71, 33, 62, 65.

[4] Cat., 70.

[5] Cat., 62, 69.

[6] Cat., 63.

[7] Cat., 63.

[8] Cat., 62.

[9] Cat., 33, 48, 51, 65.

[10] Cat., 71.

[11] Cat., 56.

[12] Cat., 53.

[13] Cat., 54.

[14] Cat., 65, 70.

du signe de la croix[1]. Dans deux actes, ce dernier est reproduit quatre fois pour Eudes, Hermengarde, Thibaud et Etienne[2].

Eudes a-t-il eu un sceau? — C'est douteux. En tout cas, il n'aurait pas été *pendant*[3], et la charte au bas de laquelle il y en avait un exemplaire au siècle dernier doit être fausse[4]. Ce sceau, Gaignières l'a vu et dessiné[5] : en voici, à titre de curiosité, la reproduction fidèle :

Il était rond, « en cire brune rougeâtre, sur lacs de cuir », et « sans contresceau », ajoute D. Housseau[6]. Il mesure 0,07

----

[1] Cat., 24, 58, 67, 71.

[2] Cat., 62, 63. — Cf. aussi (Cat., 40) une charte où les deux fils seuls apposent la croix.

[3] Cf. de Wailly, *Eléments de Paléographie*, Paris, 1838, in-4°, II, p. 144; Douët d'Arcq, *Collection de Sceaux des Archives de l'Empire*, Paris, 1863, I, p. XXIII.

[4] Cf. Pièces justificatives, XXX, et la note VI.

[5] Bibliothèque nationale, mns. lat. 5441[iv], p. 108.

[6] T. III, pp. 850 et 54.

de diamètre. Le comte y est représenté à cheval, vêtu du costume civi' des seigneurs du xi° siècle [1]; il tient, d'une main les rênes, de l'autre, une épée. La légende n'est pas reproduite.

Aucun autre acte d'Eudes ne semble, d'ailleurs, avoir porté ce signe de validation, si ce n'est la charte de l'établissement du pont sans péage [2], où l'on voit encore les traces d'un sceau plaqué et où manque le seing du comte. Mais ç'a pu être le sceau d'Eudes, frère du roi.

Les témoins sont très souvent choisis parmi les vassaux du comte. Ceux dont on rencontre le plus fréquemment les noms sont : Gautier de Tours [3], Rahier de Montigny [4], Tiais des Roches [5], Gédouin de Saumur [6], Gédouin de Breteuil [7], Geoffroy de Châteaudun [8], Gerbert de Brienne [9], Hervé de Blois [10], Dadon de Saint-Aignan [11], Hédouin de Ramerupt [12], Manassès de Dammartin [13], Sansgualon [14], son sénéchal, Ganelon [15], fils de Rahier, Garin [16] et Isembard [17], ses prévôts.

Eudes avait un chancelier, nommé Vivien, qui prenait le

---

[1] Cf. Quicherat, *Hist. du Costume en France*, Paris, 1875, in-8°, pp. 136-7.

[2] Archives de la ville de Tours, AA 1.

[3] Cat., 31. — Cf. Mabille, *Cartulaire de Marmoutier pour le Dunois*, pp. XIX-XXI.

[4] Cat., 28. — Cf. id., *ibid.*, p. XXXIV.

Cat., 30. — Cf. id., *ibid.*, p. XXXV.

[6] Cat., 20, 53, 56, 62, 71.

[7] Cat., 53, 56, 63, 71. — Cf. de Luçay, *Le comté de Clermont en Beauvoisis; Le Dénombrement de 1373*, Paris, in-8°, 1878, p. 7.

[8] Cat., 30, 57.

[9] Cat., 20, 65, 66, 71.

[10] Cat., 20, 65, 66.

[11] Cat., 20, 30, 62, 65, 66,

[12] Cat., 54, 57.

[13] Cat., 48, 56.

[14] Cat., 20, 53, 54, 70.

[15] Cat., 30, 48, 57, 62, 71. — Cf. Mabille, *loc. cit.*, pp. XXV-XXVII.

[16] Cat., 62, 63, 71.

[17] Cat., 53, 70.

titre de *signator*[1]. Il est remplacé, dans un acte de 1030, par un certain Foucher[2].

La date — quand elle existe — suit toujours les seings. Elle est simple dans la charte[3] de fondation de l'abbaye d'Epernay (an de l'Incarnation et année du règne de Henri), double dans deux chartes[4] d'affranchissement (lieu, année du règne de Robert).

Ces actes prennent les noms de *carta*[5], *cartula*[6], *descriptio*[7], *auctoritas*[8], *cyrographum*[9].

Les notices se distinguent des chartes proprement dites en ce qu'elles contiennent la mention d'un fait dont il est parlé à la troisième personne. Comme elles proviennent toutes de cartulaires, il est probable que la plupart d'entre elles ne sont que des relations abrégées d'actes rédigés primitivement sous une forme différente.

L'invocation, le préambule et la suscription y font défaut. Nous trouvons exceptionnellement une invocation[10].

Elles commencent par l'adresse : *Notum sit omnibus fidelibus christianæ religionis præsentibus scilicet atque futuris...*[11] — *Notum fieri volumus omnibus christianæ religionis tam præsentibus quam futuris cultoribus*[12]... — *Notum sit cum præsentibus tum futuris*[13]... — Deux ne spécifient rien : *Notitia rei gestæ*[14]...

---

[1] Cat., 33.
[2] Cat., 51.
[3] Cat., 53.
[4] Cat., 33, 51.
[5] Cat., 33, 51, 63.
[6] Cat., 33, 51, 54.
[7] Cat., 48, 65.
[8] Cat., 71.
[9] Cat., 56, 62.
[10] Cat., 30.
[11] Cat., 40, 66.
[12] Cat., 20.
[13] Cat., 18.
[14] Cat., 28, 31.

Puis vient la relation de ce qui fait l'objet même de l'acte. Il y a généralement un exposé dictinct du dispositif.

Rarement les signes de validation sont annoncés : ... *Manibus suis illud (scriptum) roboravit et manibus fidelium suorum roborandum tradidit*[1]. Ce mot de *scriptum* est un des noms que ces notices se donnent[2]. On trouve aussi *notitia*[3].

La liste des témoins est quelquefois très longue[4]. Ce sont, en général, ceux que nous connaissons.

Eudes s'inscrit ordinairement à leur tête. Quatre chartes nous montrent son nom et ceux de ses deux fils accompagnés du signe de la croix[5].

Une seule notice[6] est datée (lieu et année du règne de Henri).

II

NUMISMATIQUE[7]

Monnaies anonymes

Les monnaies frappees dans les diverses villes où le comte Eudes a possédé l'autorité seigneuriale et, par suite, exercé les droits régaliens, sont anonymes, de telle sorte qu'il est impossible de désigner exactement celles qui ont été émises de son temps.

---

[1] Cat., 18.
[2] Cat., 18, 20.
[3] Cat., 28, 31.
[4] Cat., 18, 20, 28, 30, 57.
[5] Cat., 28, 38, 40, 57.
[6] Cat., 57.
[7] Nous devons, pour cette partie de notre travail, des remerciements tout particuliers à notre distingué confrère, M. Prou, sous-bibliothécaire au Cabinet des Médailles, qui a bien voulu diriger nos recherches, et à M. Maxe-Werly, dont l'inépuisable obligeance nous a également été d'un précieux secours.

Thibaud, père du Tricheur, a peut-être introduit à Chinon [1] le type dérivé de la tête turonienne de Louis le Débonnaire qui, au x° siècle, passa successivement à Blois [2] et à Chartres [3].

A Dreux, on frappait, au commencement du xi° siècle, des pièces au type du châtel tournois de Saint-Martin. Mais quand Eudes, d'abord par son mariage avec Mathilde, puis par le bon vouloir du roi, fut maître de cette ville, il y introduisit le type chinonais qui était en vigueur dans ses autres ateliers. En effet, M. Caron a signalé [4] un denier, qui se trouve dans la collection Neilz, à Vendôme, et que M. R. Serrure a ainsi décrit [5] :

Tête chinonaise à droite. A gauche, un crochet ; à droite, une croisette ; au-dessous, un 3. Grènetis extérieur. — *Rev.* + DRVCAS C///TEI entre deux grènetis. Dans le champ, une croix pattée cantonnée d'un globule.

C'est la seule pièce de Dreux au type chinonais.

L'anonymat est aussi la caractéristique du monnayage des principales villes de la Champagne, à la fin du x° siècle et au début du xi°.

On connaît les deniers et les oboles de Troyes et Meaux [6],

---

[1] Cf. Poey d'Avant, *Monnaies féodales de France*, I, p. 225, pl. XXXII.

[2] Cf. Poey d'Avant, I, p. 231 et pl. XXXII, et *Revue numismatique*, 1845, p. 137.

[3] Cf. Poey d'Avant, I, pl. XXXIV.

[4] *Dissertation sur une monnaie de Dreux au type chartrain*, dans le *Bulletin de la Société archéologique du Vendômois*, in-8°, 1863, p. 67 et suiv

[5] *Bulletin de numismatique*, in-8°, 1891, p. 21, fig. 12.

[6] J.-A. Blanchet, *Nouveau Manuel de numismatique du moyen âge*, t. 1, 1890, in-12, p. 411. — Maxe-Werly, dans les *Mémoires de la Société*

de Sens et Provins[1], au monogramme carolingien altéré et à la croix portant ou non l'α et l'ω à l'extrémité de ses branches. Ces pièces ont pour prototype les monnaies que les rois ont frappées[2] à la même époque et dans les mêmes villes, et qui toutes portent au revers la légende GRACIA DI REX.

Monnaie nominale

A côté de ces types immobilisés, anonymes, et que, par suite, l'on ne peut reconnaître, Eudes a heureusement frappé une monnaie nominale. C'est à M. de Saulcy que revient l'honneur d'avoir le premier déterminé[3] un denier d'argent dont la description suit, trouvé entre Toul et Bar-le-Duc[4] :

A. + ODO COMES. — Tête de face. Légende entre deux grènetis.
R. + REMIS CIVITA. — Croix carolingienne. Légende entre deux grènetis.

Eudes a donc dû — l'histoire ne nous dit ni quand ni comment — s'emparer de la ville de Reims, qui était disputée

---

académique de la Marne, 1877-78, p. 217. — A. de Longpérier, dans la Revue numismatique, 1840, p. 131. — Dans la légende + MELDIS CIVITAO, l'O caractéristique du datif, que M. A. de Barthélemy (dans d'Arbois de Jubainville, IV, p. 778 et suiv.) prend à tort pour l'initiale du comte Eudes — Odo, — paraît indiquer l'atelier de fabrication.

[1] A. de Barthélemy, dans d'Arbois de Jubainville, t. IV, p. 760 et suiv. — Duchalais, dans Bibliothèque de l'Ecole des Chartes, t. VI, p. 239 et suiv., et 270 et suiv.

[2] Salmon (Revue numismatique, 1854, p. 220 et suiv.). Poey d'Avant (III, p. 244 et pl. CXXXVII) est dans l'erreur en les attribuant à Eudes II.

[3] Rev. num., 1838, pp. 199-202. — Chronique de Champagne, t. IV, p. 78 et suiv.

[4] Notre vignette reproduit l'exemplaire donné par M. Gariel à la collection numismatique de la ville de Reims.

aux archevêques par les comtes de Roucy, et y frapper
monnaie. Cet événement se passa sans doute vers 1020-1021,
quand Eudes prit possession de la Champagne, car nous
voyons, en 1021, celui-ci remettre, à la prière de Fulbert, le
comté de Reims à l'archevêque Ebles[1]. M. P. Paris, s'appuyant
sur ceci, qui est vrai d'une manière générale, à savoir que
Reims n'a pas appartenu aux comtes de Champagne, a
combattu l'attribution de M. de Saulcy[2]. Récemment encore,
M. Maxe-Werly a élevé des doutes sur cette attribution, et
s'est demandé si la monnaie qui nous occupe n'aurait pas été
frappée par un Eudes, héritier de Gibert, comte de Roucy
et de Reims, mort vers 990[3]; mais son hypothèse ne paraît
pas solidement fondée.

Le monnayage de Reims appartenait, depuis le règne de
Louis IV d'Outremer, aux archevêques de cette ville[4], et la
concession royale paraît avoir été — à l'origine du moins,
— un droit de surveillance et de direction plutôt qu'un droit
d'émission proprement dite[5].

La monnaie rémoise d'Eudes — bien qu'elle semble n'avoir
été qu'une monnaie de conquête, — fut frappée assez longtemps pour que le type primitif que nous avons donné ait pu
subir plusieurs déformations successives.

La première de ces déformations consiste dans le chan-
gement de REMIS en HEMIS ou HLMIS sur un denier que

_____

[1] Cf. D. Marlot, *Histoire de la ville, cité et université de Reims.* —
D. Bouquet, XI, 350 C, et X, 473, *epist.* LX.

[2] *Chronique de Champagne,* t. IV, p. 80. — A la 13ᵉ session du Congrès
scientifique de France tenu à Reims en 1845, la section d'archéologie en proposa
l'attribution à Eudes, comte de Paris, qui fut maître de Reims en 892-894
(*Procès-verbaux du Congrès,* 1846, p. 306). — Cf. aussi *Reims,* revue
mensuelle, décembre 1853.

[3] *État actuel de la numismatique rémoise,* dans *Revue belge de numismatique,* t XLV, 1889, p. 240.

[4] Cf. D. Marlot.

[5] Il existe, en effet, quelques pièces à l'effigie royale — notamment de
Lothaire — sorties de l'atelier de Reims postérieurement à la donation (940).

Poey d'Avant[1] a dû avoir en original sous les yeux, bien qu'il le dise tiré de la *Revue numismatique* (1838, p. 199).

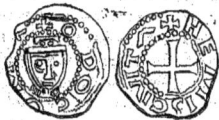

Cette même légende se trouve renversée et mal venue sur un autre denier qui fait partie de la collection de M. Maxe-Werly.

Une seconde déformation est celle que nous fournit un denier décrit par Lelewel[2], quelques années avant l'article de M. de Saulcy, mais emprunté à la collection de ce dernier[3].

    A. + ODO COMFω. — Tête très barbare.

    R. + IODIO COMEω. — Croix.

Quatre autres pièces qui figurent dans des collections parti-

---

[1] T. III. Dans le texte (p. 267) il donne HLMIS, et dans les planches (CXL, n° 10), HEMIS.

[2] *Numismatique du moyen âge*, 1835, t. II, p 151, et pl. XVII, n° 7. — De Saulcy, *Rev. num.*, 1838, p. 202.

[3] Poey d'Avant, t. III, pl. CXL, n° 11. — Un très bel exemplaire de ce denier a été offert par M. Maxe-Werly à la collection numismatique de la ville de Reims.

culières, et dont M. Maxe-Werly nous a très obligeamment
mis à même de prendre l'empreinte, nous font voir de nouvelles transformations.

Deux dernières altérations sont signalées par Poey
d'Avant : l'une empruntée à sa propre collection, l'autre tirée
du Cabinet des Médailles [1].

A. + DODVOC...
R. .....OCOM...

A. + OIOƆƐVƆ OIƆOI.
R. Illisible [2].

Enfin, il faut signaler deux oboles d'argent, au même type,
dont les légendes sont illisibles. L'une appartient au Cabinet
des Médailles, l'autre à la collection numismatique de la

[1] Le Cabinet des Médailles possède trois deniers et une obole.

[2] Poey d'Avant, III, p. 267, et pl. CXL, n° 12. — Id., *Collection*, p. 324,
et pl. XX, n° 13. — On remarque la différence de cette tête et de celles des
deniers précédents. Elle se rapproche beaucoup de celle des pièces rhénanes,
dont nous parlerons tout à l'heure.

ville de Reims. Sur la seconde, la croix, au revers, paraît
bien nettement, cantonnée de quatre annelets :

A qui Eudes a-t-il emprunté sa monnaie, — l'une des premières effigies seigneuriales que l'on rencontre en France?

C'est un fait constant en numismatique que les conquérants
conformaient le plus possible leur monnaie à celle du pays
conquis, car le peuple n'accordait sa confiance qu'aux types
qui lui étaient familiers.

Les comtes de Champagne, à la vérité, conservaient reli-
gieusement le monogramme odonique ou ses déformations[1],
mais nous trouvons au musée de Berlin et dans la collection
numismatique de la ville de Reims[2], différents exemplaires
d'un denier frappé, suivant toute vraisemblance, par les
archevêques Arnoul ou Gerbert (988-1021) :

    A. (FRANCO)RVM (R)EX. — Tête de face, couronnée.
    R. A(RCHIE)PICO REM. — Tête de face, mitrée.

Ce denier, qui déroge au type connu des archevêques de
Reims, lequel consiste essentiellement dans leur nom, souvent
monogrammatisé, a été bien certainement imité d'un autre

---

[1] La monnaie rapportée à Herbert de Vermandois, comte de Champagne
(968-993), par M. Chauffier (*Revue num.*, 1867, p. 142, et pl. V, n° 7), outre
que cette attribution a été contestée par M. de Longpérier, offre un profil
beaucoup plus barbare que les premières pièces d'Eudes.

[2] Gariel, *Les Monnaies royales de France sous la race carolingienne*,
t. II, pp. 316 et 317, et pl. LVII, n°ˢ 22 et 23. — Maxe-Werly, *État actuel
de la numismatique rémoise, loc. cit.*, p. 229, et pl. VIII, n° 2.

denier attribué par M. Desains[1] à Aubron, évêque de Laon
(976-1047) :

Et cette monnaie d'Aubron, il en faut chercher le prototype, croyons-nous, dans des deniers à la tête de face,
diadémée et barbue, dont voici deux spécimens tirés de
collections particulières[2].

Ces deniers nous semblent avoir été frappés sur les bords
du Rhin, où le type de la tête de face était en faveur[3] au
commencement du xıᵉ siècle. Ils sont, à rapprocher de la
monnaie impériale rapportée à Otton III (983-1002)[4] par
Lelewel (t. II, pp. 134 et 136). Le duc qui figure sur la nôtre est
peut-être Otton de Souabe (973-982).

---

[1] *Recherches sur les monnaies de Laon*, 1838, pl. I, n° 2. — Cf. l'obole
publiée par Poey d'Avant, III, pp. 352 et 353, et pl. CLII.

[2] Collections A. de Barthélemy et Maxe-Werly.

[3] On peut s'en convaincre en parcourant les planches de Dannenberg, *Die
deutschen Münzen der sächsischen und frankischen Kaiserzeit*, Berlin,
1876, in-1°.

[4] Il y avait un atelier impérial à Verdun.

CATALOGUE D'ACTES

1

983, 3 mai. — BLOIS

Le comte Eudes Ier restitue à l'abbaye de Marmoutier la villa de Coutures[1], qui lui avait été injustement enlevée. — Sa *femme et ses fils souscrivent.*

(Documents inédits[2], I.)

2

988-993[3]

Geoffroy, Lisbeth, sa femme, et Gerberge, sa fille, vendent à l'abbaye de Saint-Florent de Saumur un alleu situé en Touraine, dans la viguerie de Chinon. — Eudes et Thibaud souscrivent.

(Documents inédits, II.)

3

989

Robert, vicomte de Blois, de l'assentiment du comte Eudes Ier, restaure l'abbaye de Notre-Dame d'Evron[4]. — Les fils du comte souscrivent.

(Documents inédits, III.)

---

[1] C[on] de Gennes (Maine-et-Loire.)
[2] On trouvera plus loin ces *Documents inédits* ou *Pièces justificatives.*
[3] Eudes est qualifié *infans.*
[4] Mayenne.

4

992-995 [1]

La comtesse Berthe, de l'assentiment d'Eudes Ier et de ses deux fils, abandonne aux religieux de Marmoutier le tonlieu levé sur toutes les marchandises qu'ils reçoivent par eau.

(Documents inédits, IV.)

5

994, 4 juillet-995, 4 juillet [2]. — PARIS

Les rois Hugues et Robert, à la demande de la comtesse Berthe et de ses fils, confirment les donations de biens faites à l'abbaye de Bourgueil.

(Ed. [3] D. Bouquet, X, 563. — Besly, *Hist. des Comtes de Poictou*, pp. 277-8.)
(Cop. Mns. lat. 17127, pp. 117-8 et 121-3.)

6

995, 998, ou 1004 [4], octobre. — CHATEAUDUN

Le comte Thibaud [5] donne en mainferme à Helgaud et à Hugues, son frère, une terre située dans le comté de Dunois, et la viguerie d'Arnoul, à Prenneville [6].

(Ed. Guérard, *Cartulaire de Saint-Père de Chartres*, II, pp. 399-400.)

7

995-1004

Les comtes Thibaud et Eudes, à la prière de Gédouin, che-valier, leur vassal, acensent à l'abbaye de Marmoutier huit

---

[1] Eudes est qualifié *juvenis*.

[2] Cf. Pfister, *op. cit.*, p. 48, n. 2.

[3] Pithou, *Coustumes du bailliage de Troyes, Généalogie des comtes héréditaires de Troyes et Meaulx, Preuves*, p.774, en a cité quelques lignes.

[4] C'est l'une de ces dates, ou encore 1003, après le 24 octobre, suivant l'année, 987 (25 décembre), 991 (29 mars), ou 996 (24 octobre), que l'on prend pour point de départ du règne de Robert.

[5] Le *S. Odonis*, vu sa place dans la liste des témoins et son manque de qualificatif, ne peut être considéré comme se référant au comte Eudes. — Il doit être identifié, croyons-nous, avec le *S. Odonis* d'une autre charte de l'an 1004, dunoise également, où le seing du comte figure aussitôt après celui de Berthe. (Cf. Cat., 16.)

[6] C[ne] de Guillonville, c[on] d'Orgères (Eure-et-Loir.)

arpents de prés appartenant à la petite abbaye de Saint
Venant et sis « à la Tour-Maillé ».

(Documents inédits, V.)

8

996. — BLOIS

La comtesse Berthe et ses fils confirment la donation de
biens faite par Eudes Ier pour la construction de l'abbaye de
Bourgueil.

(Documents inédits[1], VI.)

9

996-1001

Hugues de Saint-Maurice, vicomte de Châteaudun et doyen
du chapitre de l'église de Tours, donne à l'abbaye de Marmoutier les alleus proche Chinon que ses père et mère avaient
reçu de Froger, et quelques biens à lui personnels. — La
reine Berthe et le comte Eudes souscrivent.

(Documents inédits, VII.)

10

996-1001

La reine Berthe et ses fils abandonnent à l'abbaye de Marmoutier le droit de tonlieu levé sur chaque bateau qui passe
au port de Blois.

(Documents inédits, VIII.)

11

996-1005 [2]

Le comte Eudes et la reine Berthe, sa mère, donnent à
l'abbaye de Marmoutier un serf, nommé Ohel ou Ohelme.

(Ed. Mabille, Cartul. de Marmoutier p. le Dunois, pp. 14-16. —
Grandmaison, Appendice au Livre des serfs, n° 18.)
(Cop. D. Housseau, I, n° 275. — Lat. 5441 , p. 123. — Bibl. de
Tours, Legs Salmon, mns. 1372, n° 326, pp. 16-18.)

---

[1] Pithou, Coustumes du bailliage de Troyes, p. 774, en a publié un fragment insignifiant.

[2] Eudes ne devait pas encore être marié à Hermengarde. — Berthe, reine.

12

998-1003

Renaud, évêque d'Angers, à la prière du comte Eudes, fils de la reine Berthe, exempte du droit de procuration à perpétuité l'abbaye de Saint-Florent de Saumur et tous les prieurés de son diocèse qui en dépendent.

(Documents inédits, IX.)

13

1001, septembre. — BLOIS

La reine Berthe et ses enfants, Thibaud, Eudes et Agnès, confirment la donation de deux alleus situés dans le pays d'Evreux, à Coudres [1] et à Longueville, faite par Emma, comtesse de Poitiers, à l'abbaye de Bourgueil.

(Ed. Labbe, *Alliance chronologique*, II, p. 553. — Pithou, *Coustumes du bailliage de Troyes*, p. 775, — incomplet.)

(Cop. D. Housseau, II¹, n° 327.)

14

1001-1008 [2]

Le chapitre de Saint-Martin de Tours cède à l'abbaye de Marmoutier l'île Saint-Côme [3], avec deux écluses qui en dépendent, et le trésorier Hervé ajoute à cette donation une église voisine, bâtie sur le bord de la Loire. — Eudes, et Gédouin de Saumur, qui tient de lui cette église en fief, approuvent la donation.

(Ed. Mabillon, *Ann. Ben.*, t. IV, pp. 693-6.)

(Cop. D. Housseau, II¹, n° 341. — Lat. 12878, f° 55 r°.)

---

[1] Cⁿ de Saint-André (Eure).

[2] Nous avons adopté les dates indiquées par Mabille *(Catalogue analytique de la collection de D. Housseau*, t. XIV des *Mémoires de la Société archéologique de Touraine*, 1863, in-8°, p. 48). Mabillon rapporte ces faits à l'année 1001 *(Ann. Ben.*, IV, p. 155) et D. Martène pense qu'ils ont eu lieu vers 1003 (Lat. 12878, f° 55 r°).

[3] Cⁿᵉ de La Riche, cⁿ de Tours.

15

1004, avril

Le pape Jean XVII, à la prière de la reine Berthe et de ses fils, confirme les possessions de l'abbaye de Saint-Florent de Saumur, et il en confère l'avouerie aux jeunes comtes seuls et à leurs héritiers.

(Ed. Marchegay et Mabille, *Chroniques des égl. d'Anjou*, pp. 254-7).

(Or. Arch. de Maine-et-Loire.)

(Cop. D. Housseau, II¹, n° 336.)

16

1004

L'abbé de Marmoutier cède à Gibert, prévôt, et à sa femme Ingutie, quatre arpents de vigne de l'alleu de Chamars¹. — Berthe et Eudes souscrivent.

(Ed. Mabille, *Cartul. de Marmoutier p. le Dunois*, pp. 4-5. — Aubineau, *Mém. de la Soc. archéol. de Touraine*, t. III, 1847, p. 96.)

(Or. Arch. d'Eure-et-Loir.)

17

Vers 1004²

Le roi Robert et le comte Thibaud donnent à l'abbaye de Marmoutier les terrains que l'abbaye de Saint-Pierre-le-Puellier possède dans le faubourg de Châteauneuf de Tours.

(Ed. Pfister, *Etudes sur le règne de Robert le Pieux*, pp. XLV-XLVI.)

(Cop.³ Lat. 12878, f° 57, r° et v°.)

---

¹ Près Châteaudun.

² *Circa 1004*, a mis en note D. Martène.

³ M. Pfister indique une autre copie qui figurerait sous le n° 834 au t. II de la collection de Touraine (Dom Housseau); or, les deux volumes qui composent le t. II contiennent les chartes 293 à 781; l'acte coté 834 est dans le t. III, il est postérieur à 1081 et concerne l'abbaye de Saint-Aubin d'Angers.

18

1004-1009 [1]

Le comte Eudes s'accorde avec l'abbé de Saint-Père de Chartres au sujet de leurs droits respectifs sur une partie de la terre appelée Bois-Méan [2], située dans le Dunois.

(Ed. Guérard, *Cartulaire de Saint-Père de Chartres*, I, p. 96. — D'Arbois de Jubainville, I, pp. 466-7.)

19

1004-1011 [3]

Josselin, fils de Geoffroy, confirme à l'abbaye de Saint-Père de Chartres la possession de l'alleu d'Ecluzelles [4], dans le comté de Dreux. — Eudes approuve et souscrit.

(Ed. Guérard, *Cartulaire de Saint-Père de Chartres*, I, pp. 95-6.)

20

1005-1010 [5]

Le comte Eudes confirme la donation de l'alleu de Chamars faite par son père aux religieux de Marmoutier.

(Ed. Aubineau, *Mém. de la Société archéol. de Touraine*, t. III, 1847, p. 95. — Mabille, *Cartul. de Marmoutier p. le Dunois*, pp. 5-6.)

(Or. Archives d'Eure-et-Loir.)

(Cop. Lat. 12878, f° 52 v°.)

21

1005-1030 [6]

Eudes, moyennant une somme de 400 livres et quelques

---

[1] Ménard succède en 1003 à Eudes, abbé de Saint-Père. — Après 1009 Berthe avait repris le titre de comtesse. (Cf. Doc., X.)

[2] Cⁿᵉ de La Chapelle-Royale, cᵒⁿ d'Authon (Eure-et-Loir). L'identification avec Bois-Mouët, proposée par Guérard (*Dictionnaire géog.* du *Cartul. de Saint-Père*, t. II), est inexacte.

[3] Ménard, abbé (1003-1011).

[4] Cᵒⁿ de Dreux (Eure-et-Loir).

[5] Eudes n'a encore qu'un fils.

[6] Gauzlin, abbé (1005-1030).

terres situées dans le Blaisois, abandonne à Gauzlin, abbé de Fleury, Melleray[1], Annay[2] et la chapelle de Saint-Aignan[3].

(Cf. Delisle, *Vie de Gauzlin, abbé de Fleury*, dans *Mémoires de la Société archéologique de l'Orléanais*, t. II, 1853, in-8°, pp. 24-5, ch. V.)

22

1006-1011[4]

Fulbert, évêque de Chartres, et Ménard, abbé de Saint-Père, concèdent, à la prière d'Eudes, la précaire de Genainvilliers[5], dans le comté de Chartres, à Graoul, chevalier, dont l'abbaye reçoit, en retour, l'alleu de Palisy, dans le comté de Dreux. — Eudes souscrit.

(Ed. Guérard, *Cartul. de Saint-Père de Chartres*, I, pp. 99-100.)

23

1007, 27 septembre. — BOIS DE BOULOGNE

Le roi Robert, à la prière du trésorier Hervé, confirme la fondation de l'abbaye de Beaumont près Tours. — Eudes, dont il fallait l'assentiment pour le domaine de Luzé[6], qui était un de ses fiefs, à lui et à son frère Landry, approuve et souscrit.

(Ed. D. Bouquet, X, pp. 589-591. — Mabillon, *Ann. Ben.*, IV, pp. 696-7. — *Gall. Christ.*, t. XIV., *Instr.*, col. 63-4. — Migne, *Patrologiæ cursus, Series latina*, t. CXLI, col. 953-5).

(Cop. D. Housseau, II¹, n° 340.)

---

[1] Con de Lassay (Vienne).

[2] Con de Cosne (Nièvre).

[3] Saint-Aiguan-en-Lassay, canton de Couptrain (Mayenne). Cette chapelle, Eudes devait la tenir de la munificence du roi Robert, à en juger par un texte que cite M. Pfister (p. 108, n. 3), mais que l'on ne trouve pas dans le *Liber de servis* (éd. Salmon et Grandmaison, p. 40) auquel il renvoie : *Ego quidem comes Odo, qui ex rebus Sancti Antani per largitionem domini Rotberti regis tenere videor...*

[4] Fulbert, évêque (1006-1028). — Ménard, abbé (1003-1011).

[5] Con de Courville (Eure-et-Loir).

[6] Con de Richelieu (Indre-et-Loire).

24

1009-101J, juin. — TOURS

Hubert de Saumur, chevalier, vend à l'abbaye de Saint-
Pierre de Bourgueil la viguerie[1] de Chinon, moyennant
mille sous d'or, un haubert de prix et un cheval. — Eudes
ayant reçu cent sous pour lui, d'une part, une once d'or et
mille sèches pour sa mère, d'autre, consent et souscrit.

(Documents inédits, X.)

25

1013

Géraud est élu abbé de Saint-Florent de Saumur, par l'entremise du comte Eudes[2], qui arrête l'opposition faite à cette
élection par Gédouin de Saumur.

(Documents inédits[3], XI.)

26

1014[4]

Le roi Robert, à la prière de Hugues, archevêque, du comte
Eudes et de Corbon, chevalier, confirme la donation de l'église

---

[1] Les *viguiers* étaient des officiers du comte qui levaient les impôts en son
nom et rendaient la justice dans les subdivisions du comté. *Viguerie* s'entend
de la charge du viguier (cf. Doc., XXII), des revenus de cette charge (Doc.,
XX) et de la circonscription territoriale administrée par le viguier (Doc., XIII).

[2] Le choix n'était pas heureux. Géraud dissipa les biens du monastère. Eudes
dut l'envoyer en pèlerinage à Jérusalem et remit Saint-Florent entre les mains
d'Evrard, abbé de Marmoutier (Marchegay et Mabille, *Chronique des églises
d'Anjou*, pp. 265 et 267-8). Géraud mourut en Palestine, en 1020, suivant
l'*Histoire de Saint-Florent* (*loc. cit.*, p. 269), en 1022, suivant la *Petite
chronique* du même monastère (p. 187). On élut à sa place le moine Ferry,
qui était présenté par le comte Eudes et ses vassaux (*loc. cit.*, pp. 269-70).

[3] Ed. incomplètement Marchegay et Mabille, *Chroniques des églises
d'Anjou*, pp. 264-5, n. 3.

[4] D. Housseau (II[r], n° 383) rapporte à tort cette charte à 1024 : l'année
1014 correspond bien à l'indiction XII. — Mabille (*Catalogue analytique de
la collection de D. Housseau*, p. 53) ajoute à l'acte une date qui lui fait défaut.
Il a pris la date du vidimus : ... *Die Jovis post Quasimodo anno gratiæ
M° CC° LXX° quinto*, et l'a ainsi dénaturée : .. *Die Jovis post Quasimodo
anno gratiæ MXXV*.

et bourg de Nouzilly [1] à l'abbaye de Saint-Julien de Tours.

(Ed. Pfister, *Etudes sur le règne de Robert le Pieux*, pp. LI-LIII.)
(Cop. D. Housseau, II¹, n° 383, — incomplet. — Moreau, t. XVIII,
f⁰ˢ 244-6. — Lat. 5443, pp. 59-60.)

27

1015, après le 24 octobre [2]. — SAINT-DENIS

Le roi Robert confirme l'abandon d'une partie du comté de
Beauvais, comprenant notamment, outre les faubourgs [3] de
cette ville, Bresles [4], Saint-Just [5], Catenoy [6], Bury [7] et Fly [8]
en totalité, Senantes [9], Montagny [10], Amuchy [11] et Cuigy [12] en
partie, plus la moitié des droits de marché du château de
Gerberoy [13], abandon fait par Eudes à Roger, évêque dudit
Beauvais.

(Ed. D. Bouquet, X, pp. 597-8. — *Gall. Christ.*, X, *Instr.*, col. 243.
— D'Arbois de Jubainville, I, pp. 464-5. — Loisel, *Mémoires des
pays, villes, comtés, évêchés et évêques de Beauvais et Beauvoisis*, pp. 248-9. — Louvet, *Antiquités de Beauvais*, II, pp. 179-
81. — Labande, *Histoire de Beauvais jusqu'au commencement
du XVᵉ siècle*, pp. 259-60.)

(Cop. Collection Grenier, t. CCCXI, f° 1. — Bibl. de Troussures
(Oise), V 2ᵛⁱ, p. 47.)

---

[1] Cᵒⁿ de Château-Renault (Indre-et-Loire).

[2] La vingtième année du règne de Robert, en la comptant à dater de la mort
de Hugues Capet, va du 24 octobre 1015 au 24 octobre 1016.

[3] Nous croyons devoir traduire ainsi le mot *suburbium* (cf. Labande, *op.
cit.*, p. 34).

[4] Cᵒⁿ de Nivillers (Oise).

[5] Saint-Just-en-Chaussée, arrᵗ de Clermont (Oise).

[6] Cᵒⁿ de Liancourt (Oise).

[7] Cᵒⁿ de Mouy (Oise).

[8] Cⁿᵉ de Saint-Germer-de-Fly, cᵒⁿ du Coudray-Saint-Germer (Oise).

[9] Cᵒⁿ de Songeons (Oise).

[10] Cⁿᵉ de Saint-Germer-de-Fly. Peut-être Montigny, cᵒⁿ de Maignelay (Oise),
car la lecture *Montigniaco* nous paraîtrait préférable à celle de *Montagniaco*.

[11] Cⁿᵉ de Senantes.

[12] Cuigy-en-Bray, cᵒⁿ du Coudray-Saint-Germer.

[13] Cᵒⁿ de Songeons.

28

1015

Le comte Eudes, à la prière de l'abbé de Marmoutier, renonce à une partie des droits injustement établis sur le pain, la viande, le vin et autres choses vendues au port et marché de Saint-Barthélemy.

(Documents inédits, XII.)

29

Vers 1015[1]. — MONDOUBLEAU[2]

Le comte Eudes confirme les donations faites par Hugues, dit *Doubleau*, à l'église de Notre-Dame de Mondoubleau, et l'affiliation de cette église à l'abbaye de Tuffé[3].

(Ed. Martène, *Amplissima Collectio*, t. I, col. 375-377.)

30

1015-1023

Le comte Eudes et Hugues, archevêque de Tours, jugent un différend entre les religieux de Marmoutier et Tiais des Roches, qui détenait injustement les coutumes d'une viguerie cédée par son père, Corbon des Roches, audit Marmoutier.

(Documents inédits, XIII.)

31

1015-1034[4]

Le comte Eudes autorise Baudouin, clerc, à donner à Marmoutier Obert, serf qu'il tient de lui en fief, originaire de Ville-en-Tardenois[5].

(Ed. Salmon, *Livre des serfs*, p. 55.)

---

[1] *Circa 1015*, dit Martène. L'acte est daté du règne du roi Robert.

[2] Loir-et-Cher.

[3] Sarthe.

[4] Evrard, abbé (1015-1034).

[5] Arr[t] de Reims (Marne).

32

1015-1034

Hardouin, chevalier, et les religieux de Marmoutier s'accordent au sujet d'un clerc, nommé Sulion, que ledit Hardouin avait poursuivi jusque dans le cloître de l'abbaye, et qu'il y avait tué. — Eudes confirme et souscrit.

(Documents inédits, XIV.)

33

1016[1]. — VENDÔME

Le comte Eudes, à la prière de Gérard, son vassal, affranchit un serf, nommé Herbert, pour qu'il puisse recevoir les ordres sacrés.

(Documents inédits [2], XV.)

34

1017, 9 juin. — COMPIÈGNE

Le roi Robert confirme la donation faite au chapitre de Notre-Dame de Noyon par l'évêque Hardouin de six manses de terre à Hombleux [3] et d'une église qu'y possédaient autrefois les aïeux du comte Eudes, mais que celui-ci avait abandonnée aux chanoines.

(Ed. D. Bouquet, X, pp. 599-600. — *Gall. Christ.*, t. X, *Instr.*, col. 360-1.)

(Cop. Collection de Picardie, t. CCXXXIII, f⁰ˢ 133-4 et CCLV, f⁰ 47. — Collection Moreau, t. XIX, f⁰ 90.)

35

1018, 6 avril. — LAON

Arnoul, archevêque de Reims, confirme les privilèges accordés par le pape à l'abbaye de Notre-Dame de Mouzon, pour ses hommes dudit Mouzon et de Flaba [4]. — Eudes souscrit.

(Ed. Martène, *Thesaurus novus anecdotorum*, I, col. 135-7.)

---

[1] 1007, si, comme dans d'autres chartes, le scribe a pris pour point de départ du règne de Robert son couronnement en 987.

[2] Éd. Salmon, *Livre des serfs*, pp. 14-15. — La copie de D. Housseau donne plusieurs variantes, surtout pour les *signa*.

[3] Cᵒⁿ de Nesle (Somme), et non *Humblans* (Pfister, p. LXXVI, ı.ᵃ 55, et p. LXXVII, n° 57 bis.)

[4] Cᵒⁿ de Raucourt (Ardennes).

36

1019-1032

Eudes, comte de Champagne, concourt, en exemptant de toute justice les viguiers des chanoines, à la fondation du chapitre de Saint-Quiriace de Provins.

(Ed. Champollion-Figeac, *Documents historiques inédits*, t. I, p. 491.)

37

1020-1030

Francon, évêque de Paris, et Hédouin[1], comte de Montdidier, seigneur de Ramerupt et d'Arcis, pour le comte Eudes, s'accordent au sujet de l'avouerie de Rozoy[2].

(Documents inédits[3], XVI.)

38

1020-1037

Les religieux de Marmoutier et Agnès, femme de Ganelon, trésorier de Saint-Martin, s'accordent au sujet des vignes du clerc Dafroy. — Eudes et ses fils souscrivent.

(Documents inédits[4], XVII.)

39

1020-1037

Renard, chevalier, donne à l'abbaye de Marmoutier l'église de Saint-Martin de Daumeray[5], le cens, les autres coutumes et toute la viguerie dudit Daumeray, les gages de

---

[1] Bresslau *(Iahrbücher des deutschen Reichs unter Konrad II,* I, p. 77, n. 3) identifie à tort ce vassal d'Eudes avec Gédouin de Saumur, dont le nom, *Gelduinus* en latin, n'est même pas une variante de celui de Hédouin, *Hilduinus.*

[2] Seine-et-Marne.

[3] MM. Guérard et Tardif ont publié cette charte. Nous avons cru devoir la donner à nouveau, en raison des variantes du premier texte et des inexactitudes du second.

[4] Ed. Mabille, *Cartul. de Marmoutier pour le Dunois,* pp. 90-1. — Nous avons jugé bon de redonner cet acte, à cause des variantes fournies par D. Housseau.

[5] C⁰ⁿ de Durtal (Maine-et-Loire).

bataille, deux métairies, des vignes, des prés et la forêt de
Châtillon. — Eudes et ses fils souscrivent.

(Documents inédits, XVIII.)

40

1020-1037

Le comte Eudes donne à l'abbaye de Marmoutier trois
quartes de terre, situées lieu dit *les Panières*, et le droit de
glandée pour cent porcs dans sa forêt *qui est entre deux eaux*.

(Documents inédits, XIX.)

41

1021, avant le 9 juin[1]. — VERBERIE

Le roi Robert, à la prière de Hardouin, évêque de Noyon,
consacre la fondation de l'abbaye de Saint-Pierre de Nesle[2].
— Eudes souscrit.

(Ed. D. Bouquet, X, pp. 603-4. — *Gall. Christ.*, X, *Instr.*, col. 361-2.)

42

1023-1037

Tiais, sur l'intervention du comte Eudes, remet à l'abbaye
de Marmoutier le droit de viguerie qu'il tient en fief de
Hardouin, dans la Gatine, sur des terres de ladite abbaye.

(Documents inédits, XX.)

43

1024-1025[3]

Le comte Eudes écrit au roi Robert pour lui exposer ses
droits sur la Champagne.

(Ed. D. Bouquet, X, pp. 501-2. — Duchesne, *Hist. Franc. script.*,
t. IV, p. 187. — Scheidt, *Origines Guelficæ*, t. II, p. 178. —
D. Martène, *Amplissima Collectio*, t. I, col. 154. — Brussel,
Nouvel examen de l'usage général des fiefs en France, t. I,
pp. 337-9. — *D. Fulberti opera varia*, fº 91 vº. — Marquis[4],
dans *Bulletins de la Société Dunoise*, t. II, pp. 57-8. — Auteuil,
Hist. des ministres d'Etat, t. I, p. 70. — *Recueil de pièces
concernant les pairs de France*[5], Pr., p. 5.)

---

[1] La quatrième année du règne de Hugues finit le 9 juin 1021.

[2] Somme.

[3] Voir la note VII.

[4] Ne donne qu'une traduction de la lettre d'Eudes.

[5] Cette indication, ainsi que la précédente, se trouve dans Bréquigny
(*Table des diplômes*, t. I, p. 552.)

44

1025[1]. — EPERNAY

Le comte Eudes s'accorde avec le chapitre de Reims au sujet du Val du Rognon[2] et de quelques autres villages.

(Ed. Mabillon, *Ann. Ben.*, t. IV, p. 280.)

45

1026-1037 [3]

Geoffroy de l'Ile-Bouchard donne à l'abbaye de Cormery l'église de Saint-Symphorien d'Azay[4], Parçay[5], La Renardière[6], Marnay[7] et divers autres biens. — Eudes et ses fils approuvent.

(Ed. Mabillon, *Ann. Ben.*, t. IV, p. 716. — *Mém. de la Société archéol. de Touraine*, t. XII, pp. 75-7.)

(Cop. D. Housseau, II[t], n° 493.)

46

1027, 15 mai [8]. — REIMS

Le roi Robert fait restituer à l'abbaye de Montier-en-Der la propriété de sept églises : Ragecourt[9], Vaux-sur-Blaise[10], Fays[11], Trémilly[12], Saint-Christophe[13], Lassicourt[14] et Ville-

---

[1] Cf. Landsberger, n. 229.
[2] Contrée du département de la Haute-Marne.
[3] Robert, abbé (1026-1040).
[4] Azay-le-Rideau (Indre-et-Loire).
[5] C[on] de Vouvray (Indre-et-Loire).
[6] Id.
[7] C[on] d'Azay-le-Rideau (Indre-et-Loire).
[8] Ce diplôme a été expédié le lendemain du sacre du jeune roi Henri.
[9] Ragecourt-sur-Blaise, c[on] de Vassy (Haute-Marne).
[10] C[on] de Vassy (Haute-Marne).
[11] Id.
[12] C[on] de Doulevant (Haute-Marne).
[13] C[on] de Brienne-le-Château (Aube).
[14] Id.

sur-Terre[1], qui lui avaient été enlevées par Etienne de Join-
ville. — Eudes souscrit.

> (Ed. D. Bouquet, X, pp. 613-14. — Mabillon, *Ann. Ben.*, t. IV,
> p. 332. — Bouillevaux, *Les moines du Der*, pp. 325-7. — Lalore,
> *Collection des principaux cartulaires du diocèse de Troyes*,
> t. IV, pp. 145-7.)
> (Cop. Archives de la Haute-Marne, *Premier Cartul. de Montier-en-
> Der*, f° 34 v°.)

47

1027, 14 mai-6 août[2]. — SENLIS

Le roi Robert fait restituer à l'abbaye de Jumièges une
terre située près de Montataire[3], qui lui avait été enlevée par
Albert de Creil. — Eudes souscrit.

> (Ed. D. Bouquet, X, pp. 614-15. — Martène, *Amplissima Collectio*,
> t. I, col. 389.)
> (Cop. *Collection de Picardie*, t. CCLV, f° 50-1.)

48

1027-1034[4]

Le comte Eudes restitue à l'abbaye de Marmoutier l'église
de Chouzy[5] qu'Alain, comte de Bretagne, tenait de lui en fief
et qui avait été injustement enlevée à l'abbaye.

> (Ed. Mabillon, *Ann. Ben.*, t. IV, p. 713. — *Gall. Christ.*, t. XIV,
> *Instr.*, col. 68. — D'Arbois de Jubainville, I, p. 474.)
> (Cop. Lat. 12878, f° 69 v°.)

49

1028, avant le 10 avril[6]. — PARIS

Le roi Robert confirme les possessions de l'abbaye de Notre-
Dame-de-Coulombs en Beauce. — Eudes souscrit.

> (Ed. D. Bouquet, X, pp. 617-19. — *Gall. Christ.*, t. VIII, *Instr.*,
> col. 295-7. — *Nouveau traité de diplomatique*, V, 771-2, —
> incomplet. — Duchesne, *Histoire de la maison de Montmorency*,
> Pr., pp. 14-16. — Id., *Histoire de la maison de Dreux*, Pr.,
> pp. 4-6. — Pillet, *Histoire de Gerberoy*, p. 318, — incomplet.)

---

[1] Con de Soulaines (Aube).

[2] Le 14 mai est la date du sacre du jeune roi Henri, et le 16 août, celle de
la mort de Richard III, duc de Normandie, qui a souscrit à l'acte.

[3] Con de Creil (Oise).

[4] Henri sacré en 1027. — Evrard, abbé (1015-1034).

[5] Con d'Herbault (Loir-et-Cher).

[6] Date de la mort de Fulbert, évêque de Chartres, qui souscrit à l'acte. —
Cf. d'Arbois de Jubainville, I, p. 292, n. 3, et Pfister, p. LXXXIII, n° 83.

50

1029, mars

Le roi Robert acense à trois moines de Marmoutier une terre, située près d'Orléans, lieu dit *la Vigne*. — Eudes souscrit.

(Ed. Pfister, *Etudes sur le règne de Robert le Pieux*, p. LVI.)
(Cop. Collection Moreau [1], t. XXI, f⁰ 38-9.)

51

1029 [2]. — VENDÔME

Le comte Eudes affranchit un serf, nommé Sehier, pour qu'il puisse être promu aux ordres sacrés.

(Ed. Salmon, *Livre des serfs*, p. 48. — *Gall. Christ.*, t. XIV, *Instr.*, col. 66-7. — D'Arbois de Jubainville, t. I, p. 468.)

52

1031. — NOGENT-LE-ROTROU

Geoffroy, vicomte de Châteaudun, fonde l'abbaye de Saint-Denis de Nogent-le-Rotrou. — Eudes consent et souscrit.

(Ed. G. Bry, *Hist. des pays et comté du Perche*, pp. 140-4.)

53

1032

Le comte Eudes fonde l'abbaye de Saint-Martin d'Epernay et la dote de biens à Montbayen [3], Binson [4], Sillery [5], Montfé-

---

[1] M. Pfister indique une autre copie qui figurerait au f⁰ 2 du *Cartulaire de Marmoutier* (lat. 5441). C'est la leçon qu'il paraît, d'ailleurs, avoir suivie, car son texte présente des variantes avec celui de Moreau. Mais nous n'avons rien trouvé à aucune des pp. 2 des quatre volumes qui composent le manuscrit latin 5441, lesquels sont paginés, non foliotés.

[2] La 42ᵉ année du règne du roi Robert, depuis son couronnement en 987, court de janvier à décembre 1029. — Evrard, abbé (1015-1034).

[3] C⁰ⁿ d'Epernay (Marne).

[4] C⁰ⁿ de Dormans (Marne).

[5] C⁰ⁿ de Verzy (Marne).

lix [1], Romain [2], Ventelay [3], Montépreux [4], Poivres [5], Somme-sous [6], Haussimont [7] et Vassy [8].

> (Ed. d'Achery, *Spicilegium*, éd. en 3 vol., t. III, p. 391 ; en 13 vol., t. XIII, p. 281. — Scheidt, *Origines Guelficæ*, II, p. 179. — D'Arbois de Jubainville, 1, pp. 468-70.)

54
1033-1037 [9], 11 juillet. — CHARTRES

Le comte Eudes donne à l'abbaye de Saint-Père de Chartres le ban de Barmainville [10] et les autres coutumes qu'il y possède.

> (Ed. Guérard, *Cartulaire de Saint-Père de Chartres*, I, p. 125. — D'Arbois de Jubainville, I, pp. 470-1.)

55
1033-1037 [11]

Le comte Eudes et Thierry, évêque de Chartres, jugent un différend relatif à une terre de l'abbaye de Saint-Père.

> (Ed. Guérard, *Cartulaire de Saint-Père de Chartres*, I, pp. 160-1.)

56
1033-1037 [12]

Le comte Eudes établit à Tours, sur la Loire, un pont sans péage.

> (Ed. Martène, *Thesaurus novus anecdotorum*, t. I, col. 175-6. — D'Arbois de Jubainville, t. I, pp. 475-6.)
> (Or. Archives communales de Tours, AA. 1.)

---

[1] Cᵑᵉ de Chavot, cᵒⁿ d'Epernay.

[2] Cᵒⁿ de Fismes (id.) — M. d'Arbois de Jubainville (II, 33, n. 10) identifie à tort cette localité avec Romaines, cᵒⁿ de Ramerupt (Aube).

[3] Id.

[4] Cᵒⁿ de Fère-Champenoise (Marne).

[5] Cᵒⁿ de Ramerupt (Aube).

[6] Cᵒⁿ de Fère-Champenoise.

[7] Cᵒⁿ de Sompuis (Marne).

[8] Cᵒⁿ de Dormans.

[9] Cf. *Cartulaire de Saint-Père de Chartres*, p. 122.

[10] Cᵒⁿ de Junville (Eure-et-Loir). — M. d'Arbois de Jubainville imprime à tort *Barbainville*, qui est un hameau du même arrondissement (Chartres), mais du canton d'Auneau et de la commune de Santeuil.

[11] Landry, abbé (1033-1069).

[12] Guy, archevêque de Reims (1033-1055).

57

1034, 16 avril. — TOURS

Le comte Eudes, du consentement de sa femme Hermengarde et de ses fils, donne le bois de Raret[1] à l'abbaye de Saint-Julien de Tours.

(Documents inédits, XXI.)

58

1034, 11 juillet

Gédouin de Saumur fonde l'abbaye de Pontlevoy[2] et lui donne les églises de Notre-Dame et de Saint-Pierre. — Eudes consent et souscrit avec ses fils Thibaud et Etienne.

(Ed. *Gall. Christ.*, t. VIII, *Instr.*, col. 412-13. — D'Arbois de Jubainville, I, pp. 471-2.)

(Documents inédits [3], XXII.)

59

1034, août

Mahaut, fille d'Aymon, chevalier, et le comte Eudes, restaurent l'abbaye de Saint-Satur, près Sancerre.

(Ed. *Gall. Christ.*, t. II, *Instr.*, col. 51-2. — D'Arbois de Jubainville, t. I, pp. 472-3.)

60

1034-1037[4]

Geoffroy, vicomte de Châteaudun, et l'abbé de Marmoutier, s'accordent, en présence du comte Eudes, au sujet des coutumes de Chamars, faubourg dudit Châteaudun.

(Ed. Mabille, *Cartulaire de Marmoutier p. le Dunois*, pp. 1-2 et 44-5.)

(Or. Archives d'Eure-et-Loir.)

---

[1] Cette dénomination a disparu. Elle semble avoir été spéciale aux bois : on la retrouve dans la région forestière d'Epernay (Marne).

[2] C^{on} de Montrichard (Loir-et-Cher).

[3] Le texte publié est incomplet.

[4] Albert, abbé (1034-1064.)

61
1034-1037

Gaubert de Maillé et les religieux de Marmoutier s'accordent, en présence du comte Eudes, au sujet du tonlieu levé par ledit Gaubert sur les marchandises de l'abbaye.

(Documents inédits, XXIII.)

62
1034-1037

Le comte Eudes, à la prière de Hermengarde et du consentement de ses fils, Thibaud et Etienne, donne à l'abbaye de Marmoutier l'eau de Fontcher [1], avec la pêche, sauf un vivier.

(Documents inédits, XXIV.)

63
1034-1037

Le comte Eudes, du consentement de Hermengarde et de ses fils Thibaud et Etienne, donne à l'abbaye de Marmoutier, outre l'eau de Fontcher, le vivier qu'il s'était réservé d'abord.

(Documents inédits, XXV.)

64
1034-1037

Le comte Eudes donne à l'abbaye de Marmoutier 48 arpents de prés, situés lieu dit anciennement *Mercureuil*.

(Documents inédits, XXVI.)

65
1034-1037

Le comte Eudes abandonne à l'abbaye de Marmoutier l'église de Saint-Médard, située dans le Vendômois [2].

(Documents inédits, XXVII.)

---

[1] Est-ce Foucher, c^{ne} de Villandry, c^{on} de Tours? — Ou bien faut-il lire *Pontcher*, c^{ne} de Joué, c^{on} de Tours?

[2] Suivant D. Martène (*Hist. de Marmoutier*, I, p. 289), elle se trouvait à Courtiras, c^{on} de Vendôme.

66
1034-1037

Le comte Eudes met un terme aux exactions que le trésorier Ganelon et le prévôt Garin, ses hommes, commettaient sur les terres de Marmoutier.

(Documents inédits, XXVIII.)

67
1035, 27 mars [1]

Gédouin, chevalier, Adénor, sa femme, et Geoffroy, leur fils, confirment la fondation de l'abbaye de Notre-Dame de Pontlevoy et énumèrent ses biens, sis audit Pontlevoy et à Chaumont [2]. — Eudes et ses fils consentent et souscrivent.

(Documents inédits [3], XXIX.)

68
1036

Le comte Eudes donne aux chanoines de l'église de Saint-Jean-en-Vallée, près Chartres, les droits de fisc et de justice qu'il avait sur le bourg de *Muret*.

(Cf. E. de Lépinois, *Hist. de Chartres*, t. I, p. 584.)

---

[1] M. d'Arbois de Jubainville (pp. 323-4 et p. 324, n. 1) fait figurer Eudes comme témoin dans un diplôme royal, qu'il date du 2 février 10_5. Cet acte exempte de la juridiction laïque l'abbaye de Saint-Pierre de Melun. — Il se réfère à Eudes II de Champagne, et non à Eudes Ier; il est des dernières, point des premières années du règne de Henri. En effet, les évêques Gautier et Frolland, qui l'ont souscrit à titre de témoins, furent évêques : le premier, à Meaux, de 1045 à 1082 environ (*Gall. Christ.*, VIII, col. 1608); le second, à Senlis, de 1043 à 1053 (*Id.*, X, col. 1391-2). Ces dates concordent avec la durée (1031-1060) du règne de Henri Ier et l'époque (1048-1063) où Eudes II fut comte de Champagne (cf. d'Arbois de Jubainville, p. 373 et suiv.) La charte pourrait donc être placée approximativement entre les années 1048 et 1053. — L'erreur première est imputable à Dom Bouquet (t. XI, pp. 568-70), qui a rapporté ce diplôme à environ 1033 et au *Gallia Christiana* (t. XII, col. 172), qui a reproduit purement et simplement cette datation.

[2] Chaumont-sur-Loire, c[on] de Montrichard (Loir-et-Cher).

[3] Ed. *Gall. Christ.*, t. VIII, *Instr.*, col. 413-15. — Nous avons jugé bon d'en donner une copie conforme au texte des Archives de Loir-et-Cher.

[4] M. de Lépinois (n. 2) renvoie aux Archives d'Eure-et-Loir, « Saint-Jean, feuille n° 48. » — Ce dépôt ne possède pas la charte en question. Peut-être M. de Lépinois n'en a-t-il vu que l'analyse dans un ancien inventaire.

69
1o83?

Le comte Eudes, à la prière de Hermengarde et du consentement de ses fils, Thibaud et Etienne, donne à l'abbaye de Marmoutier l'usage du bois mort et vif dans la forêt de Chaumont et l'eau de Fontcher, avec toute la pêche, le bois et les prés, sauf un vivier [1].

(Documents inédits, XXX.)

70
Sans date

Le comte Eudes et sa femme, Hermengarde, donnent la redîme du froment, du vin et autres fruits de Château-Thierry, aux chanoines de Notre-Dame dudit lieu.

(Documents inédits [2], XXXI.)

71
Sans date

Le comte Eudes, à la prière de Geoffroy, son vassal, donne à l'abbaye de Notre-Dame de Tavant [3] des biens situés en Touraine, près de la Vienne, et chargés d'un cens annuel de deux sous, quatre deniers.

(Documents inédits [4], XXXII.)

72
Sans date

Bertrand et Lôhelde, sa femme, donnent leurs alleus et tous leurs autres biens, après leur mort, à l'église de Saint-Florent de Saumur. — Eudes confirme et souscrit.

(Documents inédits, XXXIII.)

---

[1] Cet acte paraît réunir les dispositions essentielles de deux autres chartes que nous avons analysées plus haut.

[2] Le texte publié par le *Gall. Christ.* (VIII, *Instr.*, col. 496) et M. d'Arbois de Jubainville (I, p. 467) étant incomplet, nous avons cru devoir donner une copie conforme à l'original.

[3] C^on de l'Ile-Bouchard (Indre-et-Loire).

[4] Nous considérons ce document comme inédit, en raison des nombreuses incorrections qui se sont glissées dans le texte publié par M. Tarbé.

73

Sans date

Gosselin, fils de Herminsende de Tours, vend trois quartiers de vigne à Renaud, qui les donne à l'église de Saint-Martin, dudit Tours. — Eudes assiste à la vente et confirme la donation.

(Documents inédits, XXXIV.)

74

Sans date

Le comte Eudes donne à l'abbaye de Marmoutier une partie de la forêt de *Blimart* et les dîmes de ses essarts de *Mont-Thibaud*.

(Ed. *Gall. Christ.*, t. XIV, *Instr.*, col. 68-9.)

75

Sans date

Le comte Eudes donne à l'abbaye de Saint-Lucien près Beauvais la moitié d'une vigne et d'une terre dans les faubourgs de cette ville.

(« Nécrol. de Saint-Lucien, fol. 26. (Rapporté par D. Grenier, *Collect.*, t. XI, 2ᵉ paq., nº 3; Danse, Borel et Bucquet[1], p. 383, n. G.) » Cf. Labande, *op. cit.*, p. 33 et n. 1.)

---

[1] *Histoire du Beauvaisis*, mns. (Bibl. de Troussures). Cf. Labande, *op. cit.*, p. 1, n. 1.

PIÈCES JUSTIFICATIVES

La première source mentionnée à la suite de l'acte est celle de la version que nous avons suivie; les autres se réfèrent aux textes qui nous ont fourni des variantes. Nous n'avons fait figurer, dans ces dernières, ni la graphie des diphtongues *(ae, œ, e, ę)*, ni les simples interversions de mots.

1

983, 3 mai, Blois. — Le comte Eudes Ier restitue à l'abbaye de Marmoutier la villa de Coutures qui lui avait été injustement enlevée. — Sa femme et ses fils souscrivent. (*Catalogue*, n° 1.)

Lucrum maximum credimus animarum, si his qui Deo die noctuque deserviunt et, spretis hujus seculi curis, pro totius mundi erratibus indesinenter Dei exposcunt[1] clementiam, aliquit ad necessarios usus clementer augemus. Itcirco ego, non meis meritis, sed Dei omnipotentis qui solem suum oriri facit super bonos et malos indicibili largiente bonitate, Odo comes, notum esse cupio cunctis mortalibus, tam presentibus quam etiam et futuris, quod quandam villam, que Culturas[2] dicitur et ad abbathiam[3] Sancti Martini Majoris Monasterii pertinet, sed longe retroactis temporibus separata est,

---

[1] D. Housseau : *cognoscunt.*

[2] Coutures, c[on] de Gennes (Maine-et-Loire).

[3] D. H. : *abbatiam.*

9

meorum enormitatem [1] reminiscens scelerum et districti examinis diem pertimescens, pro animabus patris et matris meæ necnon et domni Hugonis archiepiscopi, cujus ibi corpus digno ordine jacet, et præcipue quia debitum mortis exsolvens ibi requiescere cupio, ut jam dictus Christi confessor anima mea ab infernalibus eripiat flammis et suis intercessionibus collocet in superius [2], cum omnibus quæ [3] ad illam pertinent, tam hominibus quam etiam terris, cernentibus cunctis meis fidelibus, monachis inibi Deo famulantibus restituo et in perpetuum reddo. Ut vero hæc redditio firma et stabilis in æternum maneat, signo salutiferæ crucis, qua ab æterna morte sumus redemti [4], illam manu mea roboro, et manibus uxoris meæ, et filiorum, necnon etiam et meorum fidelium, roborari [5] facio.

Signum Odonis comitis, qui hanc redditionis chartam [6] facere et firmare rogavit. S. + Berte comitisse, uxoris ejus. S. + majoris filii ejus Teutboldi. S. + minoris filii ejus Odonis adhuc in cunabulo quiescentis.

S. Godefridi comitis. S. Rainerii. S. Rotberti. S. Arduini. S. Teduini. S. Tadonis [7]. S. Gilduini [8]. S. Rotrochii. S. Adalardi. S. Helgaudi. S. Guarnerii [9]. S. Adalonis. S. Utberti clerici. S. Rotberti clerici. S. alii Rotberti clerici. S. Heirardi. S. Teutbaldi. S. Helgaudi. S. Herviei. S. Hugonis. S. Fulberti. S. Malgerii. S. Galterii [10]. S. Guandelberti. S. Guarnoldi. S. Walterii. S. Hunboldi.

Data mense maio, aput [11] Blesensem castrum, die qua Inventio salutiferæ crucis celebratur.

---

[1] D. H. : *enormitate.*

[2] Id. : *superis.*

[3] Id. : *qui.*

[4] Id. : *redempti.*

[5] Id. : *roborare.*

[6] Id. : *cartam.*

[7] Id. : *Dadonis.*

[8] Id. : *Gelduini.*

[9] Manque dans L. 12878.

[10] D. H. : *Gualterii.*

[11] Id. : *apud.* ,

Anno xxxviiii[1] regnante Lothario gloriosissimo rege.

Hugo, indignus levita et monachus, ad vicem cancellarii scripsit.

Si quis contradixerit, anathema sit a Christo et sanctis ejus.

(Lat. 12878, f° 46 r°[2]. — D. Housseau, I, n° 231[3].)

II

988-993[4]. — Geoffroy, Lisbeth, sa femme, et Gerberge, sa fille, vendent à l'abbaye de Saint-Florent de Saumur un alleu situé en Touraine, dans la viguerie de Chinon. — Eudes et Thibaud souscrivent. (Catalogue, n° 2.)

In Dei nomine, ego Gauzfredus et uxor mea, Lisabeth nomine, cui pertinet hæc res, et filia ipsius, Girberga nomine, notum esse volumus omnibus fidelibus sanctæ Dei ecclesiæ curam gerentibus, præsentibus scilicet et futuris, præcipueque successoribus nostris, vendidisse nos alodum nostrum cuidam abbati loci Sancti Florentii, Rotberto nomine, et monachis ipsius, qui est situs in pago Turonico, in vicaria Cainonensi, in villa quæ dicitur An, habentem inter vineam et terram tres operas. Terminatur ipsa terra de una parte terra Sancti Petri, de altera parte via publica, tertia vero parte terra Sancti Florentii, quarta parte ipsa terra; id est parentum alodum. Unde accepi precium a jamdicto abbate Sancti Florentii et monachis ipsius ego Gauzfredus et uxor mea Lisabeth, ex cujus matris parte hoc nobis accidit alodum,

---

[1] Cette date est évidemment inexacte, car Lothaire, couronné en 954, mort en 986, n'a régné que 32 ans. Le scribe ou l'un des copistes y a mis un X de trop : avec XXVIIII nous aurons 983, — 29e année du règne de Lothaire (10 septembre 982-10 septembre 983.) — On ne doit pas calculer celle-ci en prenant 952 pour point de départ. Cf. d'Arbois de Jubainville, I, p. 456 et 458, et F. Lot, *op. cit.*, appendice III. — M. E. Mabille *(Catalogue analytique de la collection de Touraine*, p. 31) emprunte à D. Housseau (I, n° 231) la date de 986, qui n'est pas admissible.

[2] *Ex autographo.*

[3] « Archives de Marmoutier. Layette de la grèneterie de Blois. »

[4] Eudes était enfant.

et filia ipsius Girberga, accepimus precium in quo nobis bene complacuit, XXV solidos, ita ut ab hodierno die quicquid de supradicto alodo facere voluerint, liberam habeant potestatem. Et si fuerit, aut ego ipse, vel uxor mea, aut ullus de heredibus meis, seu quilibet intromissa persona, qui contra hanc venditionem aliquam calumniam vel repetitionem ιacere presumserit, quod minime fieri credo, iram Dei omnipotentis incurrat, et judiciaria devictus potestate, centum auri solidos coactus exsolvat, et hæc venditio inviolabilis permaneat. Ut autem firmior veriorque credatur, manibus testium eam tradidi roborandam.

S. Gauzfredi et uxoris ejus Lisabeth, qui hanc vendidit terram.

S. Adelardi. S. Winemari. S. Alduini presbiteri. S. Alcherii de Ric¯. S. Gislerii. S. Rainaldi. S. item Alcherii. S. Huberti. S. Durandi. S. Teutbranni. S. Girberti. S. David. S. Ebroini. S. Isenbardi. S. Rotberti. S. Rainaldi. S. Ævæ. S. Alcherii, filii sui. S. Milesindis. S. Adelonis. S. Senegundis. S. Adelonis filii. S. Bernerii, filii sui. S. Gisleberti. S. Adraldi. S. Alduini.

S. comitis Odonis infantis.

S. comitis Teutbaldi.

(Bibl. de Tours. Legs Salmon, mns. 1171, pp. 46-7 [1].)

III

989. — Robert, vicomte de Blois, de l'assentiment du comte Eudes Ier, restaure l'abbaye de Notre-Dame d'Evron. — Les fils du comte souscrivent. (Catalogue, n° 3.)

Inspirante creatore omnium, Robertus, Blesensium vicecomes, etc.[2] *(Narratur ex Actis Cenomanensium Episcoporum, quæ etiam citantur, fundatio monasterii* Aurion, *modo* Evron, *et quomodo sacrum lac B. V. M. a peregrino quodam ibidem illatum est.)* Ibi ergo divinæ religionis cultus diu postea viguit, donec antiqui hostis nequitia eundem locum ad vastitatem funditus redegit; cui desolationi cum

[1] *Livre noir de Saint-Florent de Saumur*, ch. 23, f° 16 v°.
[2] *Sic in* D. H.

adhuc subjaceret, tandem ex legatione parentum suorum, predictus Blesensis Robertus, et beneficio senioris sui Odonis comitis, ad quem hæreditario jure pertinebat predictus locus, Deo volente, in suum dominium devenit. Peccatorum igitur suorum enormitatem considerans, veniamque et salutem animæ suæ apud Deum promereri desiderans, cum seniore suo Odone comite et ejus fidelibus consilium habuit, ejusque consensu ac precepto predictum locum in honore ejusdem virginis Mariæ in pristinum statum reformare, inspirante Deo, animum apposuit. Opitulatione itaque divina fretus, ipsum opus peragere aggressus est. Votis autem suis divina pietate favente, ipso aliquantum explicato jam opere, de possessionibus quæ olim ad ipsum locum pertinuerant et tunc ad suum dominium devenerant, plurimam partem eidem genitrici Dei reddidit[1]... Hujus autem scripti ut inconvulsa et inviolata omni tempore servetur assertio, cum voluntate senioris sui Odonis comitis ejusque procerum, in curiam regis Hugonis detulit, et firmari a præfato rege et seniore suo Odone comite et corroborari fecit. Sequenti vero tempore, Romæ apostolico papæ Joanni illud præsentavit, etc.[2]...

(Post interpolationes de Papa et Rege, hæ notantur subscriptiones, præter P. et R.)

S. Odonis comitis. S. Roberti, filii ejus. S. Tedbaldi, filii ejus. S. Odonis, alterius filii.

S. Hugonis, vicecomitis Castredunensis. S. Raherii de Montiniaco. S. Gaufridi de Sancto Aniano. S. Walterii Turonensis. S. Alonis de Caynone castro. S. Gilduini Salmuriensis. S. Fulberti de Rupibus. S. Landrici de Balgentiaco. S. Rotroci Normanni. S. Rainaldi.

Actum est hoc Parisius, anno ab Incarnatione Domini 989, indictione 2.

Apropinquante autem termino sui exitus hujus vitæ *(Robertus)* senex et plenus dierum requievit in pace. Succedente vero filio ejus eodem vocabulo vocitato, sicut mos est, bonorum heredum implere opera benignitatis suorum parentum, quod patrem scivit voluisse non destitit actibus implere, et

---

[1] Suit une très longue énumération qui ne fournit aucun élément pour la critique du texte.

[2] *Sic in* D. H.

hoc scriptum fieri jussit, Romamque secum detulit; quod vir apostolicus nomine Benedictus firmavit, etc. [1] ...

(D. Housseau, I, n° 244 [2].)

IV

992-995 [3]. — La comtesse Berthe, de l'assentiment d'Eudes Ier et de ses deux fils, abandonne aux religieux de Marmoutier le tonlieu levé sur toutes les marchandises qu'ils reçoivent par eau. (Catalogue, n° 4.)

Cum quadam vice moraretur comes Tetbaldus apud castrum Blesis, adiit eum domnus Petrus prior et alii de monachis nostris, et fecerunt clamorem ad ipsum de ministerialibus suis, qui immittebant malas consuetudines in terram nostram de Fonte Merlandi. Transierant enim plurimi villani de terra Sancti Martini de Castro Novo ad terram nostram, ut ibi hospitarentur, et cogebant eos ministeriales comitis reddere sibi commendisiam, quam cum primum nollent reddere villani, distrinxit inde eos unus de prædictis ministerialibus, Ascelinus nomine, et pro hoc abstulit eis quatuor libras denariorum in emendationem. De quo cum fecissent monachi nostri clamorem ad comitem, jussit comes vocari ad se Hugonem præpositum et Ascelinum, auctores prædictæ emendationis, et præcepit eis ut nullam amplius injustam consuetudinem inferrent villanis qui hospitarentur in terram Sancti Martini, hoc etiam ex præcepto suo indicens, ut quicumque terram Sancti Martini incolere vellent, securi et liberi ab omni exactione viverent, sicut et reliqui naturales villani ejusdem Sancti; et, jubente eo, guadiavit Ascelinus domno Petro illas quatuor libras emendationis, quas tulerat præfatis villanis. Testes qui affuerunt : Warinus comes de Rosniaco, Girardus senescalcus comitis, Rainaldus camberlencus comitis, Herbertus Brieto, Warinus filius Gradulfi, Gaufredus decanus Sancti Martini.

Eodem die, fecerunt clamorem monachi nostri ad comi-

----

[1] Le reste manque.

[2] *Ex archivis abbat. B. M. de Ebronio.*

[3] Eudes était jeune homme.

tissam Adelaidem, uxorem comitis Tetbaldi, de teloneario
qui capiebat telonium de navigio nostro, quotiens oportebat
illud transire per portum Blesis, quod antea nulli reddere
soliti eramus. Jure enim perpetuo, *Berta regina, ad quam olim
maxime pertinebat portus Blesensis, perdonavit Sancto Martino et nobis omne telonium omnium rerum quæcumque in
nostros usus per aquam adduceremus, sicut testantur litteræ
nostræ quas de hoc habemus, quas ipsa manu propria firmavit
signo sanctæ crucis, et ad confirmandum vas tradidit seniori
suo comiti Odoni seni et duobus filiis suis, comiti Tetbaldo et
comiti Odoni juveni.* Quod posteaquam audivit comitissa,
contristata est valde pro ministeriali suo qui injuste, ipsa
etiam nesciente, acceperat telonium a nobis. Unde præcepit
ei illico ut et quod jam inde habuerat totum ex integro redderet, et ulterius auferre aliquid de navigio nostro non præsu-
meret. Hoc viderunt et audierunt : Hugo præpositus,
Ascelinus, Girardus famulus noster.

(Lat 12878, f° 110 r° ¹.)

V ²

995-1004. — Les comtes Thibaud et Eudes, à la prière de
Gédouin, chevalier, leur vassal, acensent à l'abbaye de
Marmoutier huit arpents de prés appartenant à la petite
abbaye de Saint-Venant et sis « à la Tour-Maillé ».
(Catalogue, n° 7.)

---

¹ Pas d'indication de source.

² Circa 1004. — Charta Tetbaldi comitis et Odonis comitis, fratris ejus, qua
concessionem monachis Majoris Monasterii a Gelduino, fideli eorum, factam octo
arpennum de pratis, in pago Turonico, in loco qui nuncupatur Ad prata Turris
Malliacensis, sub institutione census duorum solidorum denariorum ad missam
Sancti Martini hibernalis dictis comitibus vel succesoribus eorum solvendi,
confirmant; hæc autem prata ad abbatiolam Sancti Venantii pertinent, sunt
proprii juris comitum et ex rebus Gelduino conlatis comitum servitii debito.
Gauzbertus, homo Gelduini, res concessas de eo in beneficio tenet.

Aalo. Arbertus. Alcherius. Balduinus. Fulbertus. Gauzbertus, homo Gelduini. Gauzfredus. Gerardus. Gilduinus, fidelis comitum, et filius ejus. Gilius.
Guicherius. Hugo. Hylgodus. Odo, comes, frater Tetbaldi. Radulfus. Rodbertus. Tetbaldus, comes, frater Odonis.

(Bibl. de Tours. Legs Salmon, mns. 1224, f° 646 v°. — Sans indication
de source.)

In nomine sanctæ Trinitatis et individuæ Unitatis, ego Tetbaldus et Odo comes, volumus fieri [1] præcognitum [2] proli sanctæ Dei Ecclesiæ atque presentibus fidelibus necnon et futuris, maximeque nostris successoribus, quoniam deprecatus est nos quidam [3] miles noster satisque fidelis, Gelduinus nomine, uti, ex rebus sibi conlatis nostri servitii debito, scilicet pertinentibus ad abbatiolam Sancti Venantii et nostri proprii juris, octo etiam arpennes de pratis, sub constitutione [4] census reddendi, loco Domni Martini Majoris Monasterii atque monachis ibidem Deo famulantibus, tam presentibus quam posteris, per nostræ auctoritatis testamentum concederemus. Quod et nos benivolo animo presens manifestat auctoritas fecisse. Sita sunt equidem hec prata in pago Turonico, in loco qui nuncupatur Ad prata Turris Malliacensis; terminantur hæc tribus partibus a predicta terra [5]; quarta vero fronte Sancti Martini Novi Castri terminantur. Eo namque tenore hæc eadem concessimus eis, ut habeant licentiam faciendi super [6] his quodcumque maluerint, et studeant annuatim ad missam Sancti Martini ibernali tempore nobis ac successoribus nostris qui eadem regere videantur, reddere censum scilicet denariorum solidos duos, et amplius non requiratur. Et si de eodem censu neglegentes aut tardi reperti fuerint, liceat eis hoc emendare ad tempus. Si autem ego ipse, aut ullus ex heredibus meis, seu aliqua intromissa persona hanc donationem calumniari presumpserit, iram Dei omnipotentis et sanctorum omnium incurrat.

S. domni Tet + baldi comitis et fratis ejus Odonis.

S. Gilduini militis, qui fieri rogavit.

S. Gauzberti [7] sui hominis, qui de eo in beneficio tenet.

S. filii Gilduini.

---

[1] D. H., II et XII : *fore.*

[2] D. H., XII : *percognitum.*

[3] D. H., II : *quidem.*

[4] D. H., II et XII : *institutione.*

[5] Id. : *apud dictam terram.*

[6] Id. : *desuper.*

[7] D. H., XII : *Gausberti.*

S. Rotberti [1]. S. Alberti [2]. S. Guicherii. S. Hugonis clerici
S. Alcherii. S. Malonis [3]. S. Radulfi. S. Fulberti [4]. S. Gilii.
S. Gauzfredi [5]. S. Gerardi. S. Hylgodi [6]. S. Balduini.

(Lat. 12878, f° 53 r° [7]. — D. Housseau, II [e], n° 321 [8], et XII [a], n° 6694 [9],
— incomplet.)

VI

996, BLOIS. — La comtesse Berthe et ses fils confirment la
donation de biens faite par Eudes I [er] pour la construction de l'abbaye de Bourgueil. (Catalogue, n° 8.)

Notitia rei gestæ qualiter, anno Incarnationis dominicæ
DCCCCXCVI [10], accedens Deo amabilis Pictavorum comitissa
Emma, ante presentiam venerabilis comitissæ Berthæ [11],
humiliter deprecata est quatinus donationes [12] quas olim
senior suus piæ recordationis, Odo comes, de curti Burguliensi ad monasterium inibi construendum regi Christo et
inclito clavigero apostolorum Petro, per seriem quartarum [13]
concesserat, sua filiorumque suorum Teobaldi [14] scilicet atque
Odonis auctoritate confirmaret. Cujus petitionem memorabilis comitissa Bertha [15] unacum filiis suis congrua devocione [16]

---

[1] D. H., II : *Rodberti.*

[2] Id. : *Arberti.*

[3] D. H., II et XII : *Aalonis.*

[4] D. H., XII : *Fuberti.*

[5] Id : *Gausfredi.*

[6] Id. : *Hilgodi.*

[7] *Ex autographo.*

[8] Saint-Venant.

[9] *Excerpta ex cartul. Turon. Maj. Mon. Codex primus, page 18, f° r°.*

[10] 17127 : DCCCCXCVII.

[11] Id. : *Bertæ.*

[12] Id. : *donationem quam.*

[13] Id. : *cartarum.*

[14] Id. : *Tietbaldi.*

[15] Id. : *Berta.*

[16] Id. : *devotione.*

suscipiens[1], toto cordis affectu assensu[2] præbuit. Igitur, pro
amore omnipotentis Dei sanctorumque omnium veneratione,
et senioris sui dulcis memoriæ, comitis Odonis, peccatorum omnium remissione, concessit sanctæ et individuæ
Trinitati perpetuæque virgini Mariæ, necnon principi apostolorum Petro, prefatam curtim Burguliensem[3] ad monasterium
inibi perpetualiter adhabendum, cum omnibus adjacentiis et
utilitatibus ad ipsam pertinentibus, totum et ad integrum
sicut in memorati comitis Odonis autoritate conscriptum
fertur[4], absque ulla prorsus contradictione[5], vel diminu-
cione[6]; nec ullo modo cujuslibet honoris vel dignitatis
persona, in omni[7] loco vel monasterii ipsius potestate ullam
dominationem sive malam consuetudinem exercere audeat,
et ne abbas ipsius loci terram monasterii ejusdem per secu-
lares homines dispertiat, omnimodis interdixit. Verumtamen,
si obitus ipsius cenobii abbatis extiterit, secundum patris
Benedicti preceptum, talis qui aptus sit ad servandas[8] animas
a fratribus ipsius loci et utriusque ordinis christianis eligatur,
atque jam[9] presentiæ jam dictæ comitissæ filiorumque ejus
presentatus, absque ullius precii commercio[10] ordinetur. Ne
vero parvus videtur[11] hujus bonæ voluntatis effectus, eadem
prefata comitissa regale preceptum implorans[12], impetravit
quod si heredibus vel pro heredibus eorum sine[13] aliqua
intromissa persona hujus difinitionis contrarius extiterit,
maledictio Domini super eum veniat et gloriam sanctorum

---

1 17127 : *sussipiens*.

2 Id. : *assensum*.

3 Id. : *Burguliensim*.

4 Id. : *habetur*.

5 Id. : *contraditione*.

6 Id. : *diminutione*.

7 Id. : *omni illo loco*.

8 Id. : *lucrandas*.

9 Id. : *deest*.

10 Id. : *commertio*.

11 Id. : *videretur*.

12 Id. : *devote*.

13 Id. : *sive*.

non videat, sed cum diabolo et angelis ejus in *inferno* perpetualiter concietur [1].

[2] Signum Teobaldi [3] comitis. S. Odonis [4] comitis. S. Bertæ
comitissæ, matris eorum. S. Rothberti [5]. Sig. item Rotberti.
Sig. Hugonis vicecomitis. S. Alonis, fratris ejus. Sig. Gelduini.
Sig. Richerii [6]. S. Amalrici. Sig. Acfredi [7]. S. Wicherii.
S. Hucberti. S. Sanctionis. S. Radulfi. S. Arberti. S. Wal-
chisi clerici.

Data hæc est [8] autoritas Blesis castro, anno Incarnationis
dominicæ DCCCCXCVI [9], indictione IX, regnante Hugone
piissimo rege anno nono [10].

(D. Housseau, I, n° 270 [11]. — Lat., 17127, pp. 115-6 [12].)

VII

996-1001 [13]. — Hugues de Saint-Maurice, vicomte de Châteaudun et doyen du chapitre de l'église de Tours, donne
à l'abbaye de Marmoutier les alieus proche Chinon que
ses père et mère avaient reçu de Froger, et quelques
biens à lui personnels. — La reine Berthe et le comte
Eudes souscrivent. (Catalogue, n° 9.)

In nomine summi Salvatoris. Apud Romanos legumlatores
decretum est, quod de rebus propriis unusquisque habeat

---

[1] 17127 : *crucietur*.

[2] Id. : +.

[3] Id. : *Tedbaldi*.

[4] Id. : *Odoni*.

[5] Id. : *Rotberti*.

[6] Id. : *Ratherii*.

[7] Id. : *Agfredi*.

[8] Id. : deest.

[9] Id. : DCCCCXCVII.

[10] Id. : VIII.

[11] *Ex cartul. Burgul.*, p. 29 r°.

[12] Sans indication de source.

[13] Berthe, reine. — Son nom suivant immédiatement celui du roi Robert,
elle était encore reine effectivement.

licentiam venundandi et dandi cuicumque ei placuerit, et
successoribus sufficeret haberi cartulam litterarum apicibus
et[1] testimonio insertam et signis nominum hujus rei testium.
Proinde, ego Hugo, Sancti Mauricii[2] decanus, favente Dei
gratia, et vicecomes Castridunensis, volumus fore præcognitum industriæ sanctæ Dei Ecclesiæ et omnibus ejusdem
fidelibus, tam præsentibus quam et[3] futuris, quod, abbas
Sancti Martini, nomine Bernerius, Majoris Monasterii, et
omnis grex ibi degens deprecatum nos adiit, ut, pro redemtione animarum patris et matris nostræ[4] atque fratrum, seu
nostræ animæ, ut alodos quos Frogerius sponte patri et
matri nostræ atque liberis eorum secundum morem hujus
patriæ condonavit, concederemus ad usus fratrum prædicto
monasterio; nos etiam libenti animo hanc petitionem non
immerito eis concessimus. Adjacent videlicet hi[5] alodi in
conspectu Chainonis oppidi, in villa quæ dicitur Curciacus[6]
et in villa Lugiachus[7] nomine sex arpennes, et rupem quæ
dicitur Bracheria pertinentem ad alodum de villa Baxiaco[8], cum
vineis et pratis, terris cultis et incultis, et omnia quæcumque
in his locis ille sine calumnia tenuit. De nostris vero possessionibus, huic loco tradidimus mansilem unum qui vocatur
Verna, cum appendiciis suis, pratis et terris cultis et incultis,
mancipiis, et hæreditatem de Solengiaco, cum farinario uno,
sito super ripam Vosdi rivuli, omnesque possessiones ibidem
pertinentes perpetualiter ad stipendia monachorum memorati
monasterii. Habeat vero hæc eadem congregatio licentiam
disponendi, sicut supra dictum est, fructus harum possessio-
num perpetuo ritu. Nos vero, præcipimus deprecando et
prohibendo mandato Domini Salvatoris, ut de nostris hære-

---

[1] 12878 : *et* manque.

[2] D. H. : *Mauritii*.

[3] 12878 : *et* manque.

[4] D. H. : *nostri*.

[5] Id. : *ii*.

[6] Courçay, c⁰ⁿ de Bléré (Indre-et-Loire).

[7] D. H. : *Lugiacus*. — Luzé, c⁰ⁿ de Richelieu (Indre-et-Loire).

[8] Id. : *Baxiacho*.

dibus vel quibusdam introductis personis nullus assurgat, qui huic testamento præsenti calumniam inferat. Si quis tamen præsumtive hoc contradicere voluerit, odium Dei et sancti Martini ac omnium sanctorum æternaliter incurrat, petitionem vero ad nullum profectum perducat, sed hæc traditio inconvulsa et stabilis nunc et in ævum permaneat, ad signationem nostrarum quidem manuum atque præsentium et absentium sit corroborata subnixa more patrum.

Robertus rex. S.[1] Berta regina. S. Odoni, filii ejus. S. Hugoni decani. S. Adelaudi, fratrem[2] ejus. S. Rainardi. S. Hervei. S. Sielduini. Yrrvisus episcopus. S. Archemboldi archiepiscopi. S. Radulfi. S. Walterii. S. Corboni. S. Ascelini. S. Constantius. S. Rotroci[3]. S. Amarici. S. Acfredi. S. Bosoni archidiaconi. S. Aimoni. S. Rodulfi. S. Wicherii. S. Adraldi. S. Martini. S. Fredericus. S. Martinus. S. Warini.

(Bibl. de Tours. Legs Salmon, mns. 1224, pp. 550 et 553[4]. — Lat. 12878, f° 55 v° B. — D. Housseau, XII[11], n° 6734[6], — incomplet.)

VIII

996-1001[7]. — La reine Berthe et ses fils abandonnent à l'abbaye de Marmoutier le droit de tonlieu levé sur chaque bateau qui passe au port de Blois. (Catalogue, n° 10.)

In nomine sanctæ et individuæ Trinitatis, ego Berta, nutu[8] omnipotentis Dei regina, cum filiis meis, Tetbaldo, gratia Dei episcopo, necnon Odoni comitis, cedimus[9] ad locum Majoris Cœnobii pro remedium[10] animarum nostrarum et

---

[1] D. H. : Tous les S. font défaut.

[2] Id. : fratris.

[3] Id. : Constantius Rotroc(inensis), — leçon préférable.

[4] Sans indication de source.

[5] Ex chartario Majoris Mon.

[6] Excerpta ex cartul. Turon. Maj. Mon. Cod. prim., pag. 117, f° r°.

[7] Berthe, reine. — Archambaud, archevêque de Tours (981-1005).

[8] D. H. : nuta.

[9] Id. : concedimus.

[10] Id. : remedio.

absolutionem piissimi Odonis comitis, telonium[1] quæ erat
solita una[2] navium reddere ad portum Blesensium castro,
ita sane ut omni tempore psallant monachi psalmum in suo
capitulo, pro spe et incolumitatis nostræ et requiem spiritus
et animæ Odonis comitis. Si quis hanc notitiam[3] calumniare
præsumpserit, iram incurrat Omnipotentis, et post demum
sancita stabilisque permaneat, et ipse violator confusus
abscedat.

    Archinbaldus archiepiscopus[4]. Dagbertus archiepis-
copus. Ar⊃-oλfus. Raι⊃-λλδιισ επ̄ς. Ervisus episcopus.
RωθBΕRθUꞩ[5]. Vλιιθ ΕRIVꞩ. Bλλδιιi⊃-ιιꞩ. Rλ8ερα⊃-⊃-ιιꞩ,
Rλι⊃-λλδιιꞩ. Roδιιλfus. Erveus. Y⊃-vꞓ⊃-ιιλφιιꞩ.

        (Lat. 12878, f° 46 v°[6]. — D. Housseau, I, n° 276[7], — incomplet.)

IX[*]

998-1008. — Renaud, évêque d'Angers, à la prière du comte
    Eudes, fils de la reine Berthe, exempte du droit de pro-
    curation à perpétuité l'abbaye de Saint-Florent de
    Saumur et tous les prieurés de son diocèse qui en
    dépendent. (Catalogue, n° 12.)

In Dei nomine, Rainaudus, episcopus sanctæ Andegavensis
ecclesiæ, notum esse volumus omnibus fidelibus sanctæ Dei
Ecclesiæ præsentibus et futuris, præcipueque successoribus nostris, quod, nobilissimus Odo comes, filius Bertæ
reginæ, multis et crebris petitionibus nos rogavit ut Salmu-
rense, quod sub ejus ditione fundatum et constructum summa
devotione et reverentia veneratur ac diligit, ab omni inquietudine et procuratione episcopali absolvere dignaremur,

---

[1] D. H. : *teloneum.*

[2] Id. : desunt.

[3] Id : *noticiam.*

[4] Id. : *Archambaldus.*

[5] Id. : *Ricobertus.*

[6] Sans indication de source.

[7] « Archives de Marmoutier. Layette de la grèneterie de Blois. »

cœnobium. Nos vero, consulto prius et adquiescente clericorum nostrorum communi capitulo, tanti viri amore et supplicationibus inclinati, quod tam pie postulabat negare nequivimus, sic tamen, ut, pro hoc ipso aliquam condignam recompensationem haberemus. Adiit ergo præsentiam nostram venerabilis Sancti Florentii abbas, nomine Rotbertus, ut inter nos et ecclesiam Sancti Florentii subsequentis pactionis fœdera firmarentur. Ego igitur, Rainaudus, sanctæ matris ecclesiæ Andegavensis episcopus, te dilecte fili, abba Roberte, et ecclesiam Beati Florentii, cui, Deo auctore, præsides, et obedientias tuas per episcopatum nostrum constructas vel construendas ab omni inquietudine et ab omni descensu et procuratione episcopi et clericorum Andegavensium, a præsenti die usque in sempiternum absolvo, et perpetua libertate confirmo, hoc solum retento, ut cum ego vel successores mei per abbatiam Sancti Florentii transitum habuerimus, absolutis membris, in capite tantum abbatiæ, cum honoris exigentia recipi debeamus. Quicquid insuper in episcopatu nostro ecclesiæ Sancti Florentii adquisitum vel adquirendum quocumque modo constiterit, tibi et ecclesiæ tuæ eadem in perpetuum libertate concedo. Tu vero, in recompensatione tantæ libertatis, assensu et consilio fratrum tuorum, ecclesiam Sancti Johannis prope Ligerim [1] sitam, ab antiqua Francorum regum donatione Sancto Florentio datam et possessam, et quasdam possessiones ad eandem ecclesiam pertinentes, michi meisque successoribus et ecclesiæ Sancti Mauritii cum omni libertate sua possidendam in perpetuum concessisti. Ut igitur hujus mutuæ fœdera pactionis firma in posterum et inconvulsa permaneant, per cyrographum sectionem præsentem cartam partiri decrevimus, cujus pars una michi in ecclesia Sancti Mauritii, altera in monasterio Sancti Florentii, ad perpetuæ firmitatis memoriam conserventur.

Signum Rainaudi episcopi. S. Roberti abbatis.

Huic rei interfuerunt et assensum præbuerunt : ex parte episcopi, Hildemannus archidiaconus, Lebertus decanus, Karitius thesaurarius, Hildratus canonicus, Constantinus canonicus, Durandus canonicus, Lambertus canonicus, Obrau-

---

[1] Saint-Jean-de-la-Croix, c^{on} des Ponts-de-Cé (Maine-et-Loire).

nus canonicus; ex parte abbatis, Ogerius prior, Helias sacrista, Galo cellerarius, Rainaudus abbas Sancti Mauri, et multi alii.

Factum est hoc apud Andegavum, mense junio, die secundo, anno VII[1] Hugonis regis.

(D. Housseau, I, n° 262[2].)

X

1009-1012[3], juin, TOURS. — Hubert de Saumur, chevalier, vend à l'abbaye de Saint-Pierre de Bourgueil la viguerie de Chinon, moyennant mille sous d'or, un haubert de prix et un cheval. — Eudes ayant reçu cent sous pour lui, d'une part, une once d'or et mille sèches pour sa mère, d'autre, consent et souscrit. (Catalogue, n° 24.)

Multiplex[4] omnipotentis Dei gratia misericorditer genus humanum honorare disposuit, dum pro terrenis cœlestia, pro caducis sine fine manentia, mercari concessit æterna. Quapropter ego, in Dei nomine, Hucbertus, miles, de castro Salmuro, percognitum esse volumus noticiæ omnium fidelium quoniam accessit ad nostram presenciam[5] venerabilis abba Berno, humili prece deposcens, quatinus donationem vicariam ipsius[6] et dominationem[7] Sancti Petri monasterii Burguliensi[8]

---

[1] Cette date (994) est évidemment fausse. Le copiste eût-il même oublié un jambage du VII, elle ne conviendrait pas, car Berthe, nous l'avons vu, ne devint reine qu'après 995. Il a plutôt substitué le nom de Hugues à celui de Robert : 998 ou 1003, suivant que l'on prend pour point de départ du règne de Robert l'emprisonnement de Charles de Lorraine (991) ou la mort de Hugues Capet (996), seraient très acceptables et s'accorderaient avec les données chronologiques que nous possédons sur Renaud, évêque d'Angers (994-1011), et Lébert, doyen (vers 1005). Cf. Gall. Christ., t. XIV.

[2] Cartulaire rouge de Saint-Florent de Saumur, f° 30 r°.

[3] Bernon, abbé de Bourgueil (1009-1012). — Bréquigny (I, 511) et Labbe (Alliance chronologique, II, 554) la datent à tort de 1004.

[4] 17127 : deest.

[5] D. H. : presentiam.

[6] Id. : in jus.

[7] Id. : donationem.

[8] Id. : Burguliensis.

condonassem, nostra[1] auctoritatis roboratione[2] per seriem
scripti confirmarem. Habebam enim vicariam de seniore meo
Alono Cainone[3] castro, et per deprecacionem[4] hujus mei
senioris, concessi loco Sancto Petro Burguliensi, qui est
constructus in honore sanctæ Trinitatis et sanctæ Marie
virginis sanctique Petri apostolorum principis et omnium
sanctorum Dei, ut, ab hodierna die, hanc vicariam monaçhi
teneant et possideant, qui sub regula sancti Benedicti degunt,
qui pro excessibus meis pia sollicitudine invigilent, ut quod
pene[5] inquinat actio secularis ex eorum emundetur[6] sancti
studio laboris. Hunc igitur locum in honore[7] Dei et sancte
Marie sanctique Petri dicatum, ea racione[8] vicariam eis
trado, ut nullus heres meus, neque parentes[9] mei[10], neque
filius meus, dominacionem[11] nunquam habeat, nec pró furto,
nec pro rapto, nec pro sanguine, nec pro homicidio[12], nec
pro incendio, vel[13] aliqua repetundarum[14] legum consuetudine
introeundi habeat potestatem nullam causam requirendi, qui
contrarium[15] eis sit. Igitur, ego, Hucbertus, in Dei[16] nomine,
istam vicariam trado loco Sancto Petro et monachis ibidem
degentibus, pro timore et amore Dei omnipotentis et pro
redemptione animæ meæ, seu parentum meorum, dimitto
eam, ut nunquam de his omnibus ulla querela, sive repeti-

---

[1] D. H. : *nostræ*.

[2] Id., en variante : *roboracione*.

[3] Id. : *Caynone*.

[4] Id. : *deprecacionem*.

[5] Id. : *in me*.

[6] Id. : *emundet*.

[7] Id. : *honorem*.

[8] Id. : *ratione*.

[9] 17127 : *deest*.

[10] Id. : *meus*.

[11] D. H. : *donationem*.

[12] Id. : *omicidio*.

[13] Id. : *nec*.

[14] Id. : *forsan repetendarum*.

[15] Id., en variante : *contrarius*.

[16] Id. : *Domini*.

tionem[1] amplius non repetam quod eis concedo. Idcirco, hanc scripcionem[2] donationis[3] donavi[4], donatumque in perpetuum[5] volui[6], ut superni[7] gaudio[8] adquiram[9]. Et propter firmam stabilitatem, ut ista carta non sit violata[10], sed firmiter permaneat inconvulsa, et monachi habeant in æterna secula sine ulla calumpnia vel contradictione, propter hoc enim[11] accepi ab ipsis monachis solidos mille, et senior meus Alonus ducentos solidos. Fuit enim loricus in precio valde bonus et unus caballus. Filii vero ejus, Alonus et Bernerius, duos puldrellos[12] habuerunt. Senior vero noster Odo comes, pro firmatione[13] hujus carte, centum solidos accepit, quia vicaria de suo honore erat de castro Cainonense[14], et sine ipso nihil[15] profuisset. Firmavit enim per deprecationem monachorum et Guillelmi comiti Pictavensi[16], ad cujus locus pertinet. Ex parte enim illius advenit ei. Mater[17] Odoni, Berta nomine, habuit una uncia[18] de auro et sepias mille, et mater mee[19] uxoris, itidem[20] nomine, solidos centum, et uxor mea,

---

[1] D. H. : *repetitione*.
[2] Id. : *scriptionem*.
[3] Id. : *donacionis*.
[4] Id. : *donamus*.
[5] Id. : *imperpetuum*.
[6] Id. : *volumus*.
[7] Id. : *supernum*.
[8] Id., en var. : *gaudium*.
[9] Id. : *adquiramus*.
[10] Id. : *violenter*.
[11] Id. : *deest*.
[12] Id. : *buldiellos*.
[13] Id. : *firmacione*.
[14] Id. : *Cainonensi*.
[15] Id. : *nichil*.
[16] Id. : *Pictavensis*.
[17] Id. : *vero*.
[18] Id. : *unam unciam*.
[19] Id. : *mei*.
[20] Id., en marge : adde *Berta*.

nomine Emmelina, una uncia[1] de auro. Senegundis vero,
femina Alonis, centum solidos. Gauterius vero de Turonis et
Guicherius miles, mille sepias habuerunt. Et alii multi habuerunt, qui adjutores fuerunt, quæ[2] longum est enarrare. His
ergo ita constitutis et secundum voluntatem Dei, ut credo,
dispositis, rogo et obtestor per Deum omnes successores
meos, filios vel filias, et alii[3] regni gubernatores, ne helemo-
sinam[4] hanc, quam ego Deo et sancto Petro obtuli per
voluntatem eorum que supra memoravimus. Caveant ergo
ne ad suam perditionem[5] imminuant nec inmutent[6], vel
disperdant. Sed si participes bone retribucionis esse voluerint,
nutriant eam et amplificent, vel in virtute conservent. Quod
si quis contra testamentum hoc venire et que in eo scripta[7]
sunt inminuere vel inmutare[8] præsumpserit, sive filius meus,
vel parens meus, seu heres meus, vel quelibet humana
potestas, alieni sint a regno Christi, et claviger celestis regni,
Petrus, cujus he res[9] sunt, portas eis claudat paradisi, et
æterne maledictionis jaculo confossus, cum Juda traditore,
Anna et Caipha et Pilato, Dathan et Abiron et Chore[10],
dampnatione[11] accipi[12], nisi digne penituerit et ad emendationem venerit, sicuti abbati placuerit et monachis ejusdem
loci, ita tamen[13], ut, quod indigne actemptare[14] præsumpsit,

---

[1] D. H. : *unam unciam.*

[2] Id., en var. : *quod.*

[3] Id., en var. : *alios.*

[4] Id. : *elemosinam.*

[5] Id. : *perdicionem.*

[6] Id. : *immutant.*

[7] Id. : *conscripta.*

[8] Id. : *immutare.*

[9] Id., en var. : *edes.*

[10] 17127 : desunt *et Chore.*

[11] D. H. : *dampnacionem.*

[12] Id. : *accipiat.*

[13] Id. : desunt *ita tamen.*

[14] Id. : *attemptare.*

amplius jam non recipiat[1], sed omni tempore stabilis permaneat[2] in seculorum secula. Amen.

Hoc vero testamentum, ego, Hucbertus, manibus meis roboravi et obtimatum[3] meorum conspectibus roborandum presentavi. S. Joschelini, filii ejus, qui tres libras accepit. + Signum Odonis comitis. S. Bertæ comitisse. S. Alonis. S. Senegundis. S. [post mortem ejus[4]] Hucberti, qui hanc[5] fieri jussit. S. Berte, matris ejus uxoris. S. Emelinæ, uxoris ejus. S. Alonis. S. Bernerii, fratris ejus. S. Vugonis[6] archiepiscopi. S. Gauterii Turonis. S. Guanelici[7], filii[8] ejus[9]. S. Guicherii. S. Maingaudi. S. Guischelini. S. Gualei. S. Losduini. S. Hugoni clerici. S. Jona clerici.

Actum in civitate Turonus[10] plublice[11], mense junio, regnante Rotberto rege, immo donante Jesu Christo, rege æterno, qui regnat in secula seculorum. Amen.

(Lat. 17127, pp. 153-6[12]. — D. Housseau, II[1], n° 344[13].)

XI

1013. — Géraud est élu abbé de Saint-Florent de Saumur, par l'entremise du comte Eudes, qui arrête l'opposition faite à cette élection par Gédouin de Saumur. (Catalogue, n° 25.)

---

[1] D. H. : repetat.

[2] 17127 : stabilis permaneat desunt.

[3] D. H., en var. : optimatum.

[4] 17127 : ces trois mots ajoutés en interligne.

[5] Id. : desunt qui hanc.

[6] D. H. : Hugonis.

[7] Id. : Guareltici.

[8] Id. : fratris.

[9] Id. : et plures alii.

[10] Id. : Turonis.

[11] Id. : publice.

[12] Sans indication de source.

[13] Cartul. Burgul., pag. 41 v°.

Noticia qualiter amisimus Danezia[1], cum, tempore Odonis comitis, monasteri Sancti Florentii, quod in Salmuro est, Amalbertus abbas disponebat. Hic ergo, infirmitate correctus, cum monasterii laborem ferre non posset, annuentibus fratribus, ad Sanctum Loancium[2] secessit, quod levius sibi esset. Erat autem in eodem monasterio quidam monachus, a puero nutritus, nomine Geraldus, genere nobilis, forma conspicuus, qui abbatem minus valere conspiciens, jam præcogitabat, quia jure sibi monasterii regimen injungeretur, quod ipse et genere excelleret et viribus prævaleret. Unde non solum ex monachis, sed et ex laicis, quoscunque poterat factores, sibi præparabat. Amalberto interim obeunte, congregatio omnis in tres partes dividitur, et pars quæque, quem sibi elegerat abbatem, constituere conatur. Pars vero Geraldi jam pæne prævaluerat, cum ex adverso Gilduinus, sub Odone comite, totius Salmuri dominus, insulit et ne Geraldus abba fiat, contradicit. Ejus autem facile repulsa est contradictio, dum ipse sicut et cæteri ad consensum inducitur præmio. Spondet quippe Geraldus illi ecclesiam Sancti Georgii de Capriniaco[3] et caballum præcii X librarum, quem cum ei novissime reddere non posset, dedit ei, loco caballi, ecclesiam hanc de qua agimus, scilicet ecclesiam Sancti Johannis de Daneziaco. Itaque, Gilduino concedente et Odoni comiti ut ipse concederet suggerente, causa omnis diffinitur, et sic Geraldus abbas efficitur[4]...

Hæc nos sicut ab antecessoribus nostris audivimus vobis, pater, veraciter exposuimus. Vos ergo, qui ad dirigendas sanctæ Ecclesiæ causas convenistis, nolite, quæso, pati ecclesiæ quibus sustentari debent pauperes Christi injuste in usus suos retineant potentes sæculi.

(D. Housseau, II[t], n° 360[5].)

---

[1] Denezé, c[on] de Doué (Maine-et-Loire).

[2] Saint-Louand, c[on] de Chinon (Indre-et-Loire).

[3] Chevigné, c[ne] et c[on] de Saint-Georges-sur-Loire (Maine-et-Loire).

[4] Nous laissons de côté la fin du récit.

[5] Cartul. d'argeant de Saint-Florent de Saumur, fol. 68 r° et v°.

XII

1015. — Le comte Eudes, à la prière de l'abbé de Marmoutier, renonce à une partie des droits injustement
établis sur le pain, la viande, le vin et autres choses
vendues au port et marché de Saint-Barthélemy. (Catalogue, n° 28.)

Notitia rei gestæ, qualiter anno Incarnationis dominicæ
MXV, advenit ante presentiam comitis Odonis reverendus
abbas Euvrardus[1] et reliqui Majoris Monasterii monachi,
declamantes se nimium pro consuetudinibus quas ipse comes
et Gualterius, ejusque nepos Ebbolus, in terra Sancti Martini,
videlicet in portu et in mercato Sancti Bartholomei, et in
reliquis terris Sancti Martini, maximis in causis, accipiebant
in pane et carne et vino et in omnibus utensilibus[2] quicquid[3]
eis placitum fuisset. Quorum clamorem idem comes audiens,
easdem consuetudines, in quantum ad se pertinebant, voluntarie dimisit, necnon et venerabilis archiepiscopus Hugo
taliter egit[4], et ipse jam dictus comes supra memoratum
Gualterium, et filios ejus, et nepotem ipsius Ebblonem, ante
suam presentiam venire fecit, et omnes consuetudines quas in
omni terra Sancti Martini injuste habebant, eis per guirpum
redemi[5] precepit, excepto[6] theloneo de carris et asinis, de
sale et vino.

S. Odonis comitis. S. Gualterii. S. Guanilonis, filii ejus.
+ [7] Hucberti, filii ejus. S. Ebblonis. S. Amalrici. S. Dadonis.
S. Balduini clerici[8]. S. Corbonis. S. Odonis Maldant. S.

---

[1] P. 140 : *Evrardus*.

[2] P. 27 : *utensibus*.

[3] Id. : *quidquid*.

[4] P. 140 : *ægit*.

[5] D. H. : *relinqui*.

[6] 5441 : manque jusqu'aux *signa*.

[7] P. 27 : *Idem*. — P. 140 : *Item*.

[8] P. 140 : *deest*.

Radberti[1]. S. Landrici[2]. S. Johannis. S. Rodulfi. S. Rodberti[3]
vicecomitis. S. Hugonis prepositi. S. Rotgerii[4], fratris Gelduini.
S. Raherii[5]. S. Galterini[6]. S. Gisleberti Vendocinensis.
S. Girorii[7]. S. Gileberti[8] prepositi. S. Herlandi. S. Herberti.

(D. Housseau, II[1], n°s 365[9] et 366[10]. — Lat. 5441[IV] [11], p. 27 et
p. 140.)

XIII

1015-1023.[12]. — Le comte Eudes et Hugues, archevêque de
Tours, jugent un différend entre les religieux de Marmoutier et Tiais des Roches, qui détenait injustement les
coutumes d'une viguerie cédée par son père, Corbon des
Roches, audit Marmoutier. (Catalogue, n° 30.)

In nomine Domini nostri Jesu Christi. Definitio[13] rationis
quæ facta est Turonis, ante comitem Odonem et archiepis-
copum Hugonem cæterosque nobiles viros[14] curiæ ejusdem[15]
comitis[16], inter abbatem Ebrardum monachosque Majoris

---

[1] P. 27 : *Rotberti*. — P. 140 : *Rodberti*.

[2] P. 140 . : *S. Isamberti*.

[3] Id. : *Rotberti*.

[4] Id. : *Rodgerii*.

[5] Id. : *Radherti*.

[6] P. 27 : *Gualterii*.

[7] Id. : *Georgii*.

[8] P. 140 : *Gisleberti*.

[9] Sans indication de source.

[10] *Ex cartulario Turonensi Maj. Mon., p. 68, f° v°*.

[11] Sans indication de source.

[12] Evrard, abbé de Marmoutier (1015-1034). — Hugues, archevêque de Tours (1005-1023).

[13] D. H. et 12878 : *Diffinitio*.

[14] Id. : *cæterisque nobilibus viris*.

[15] Id. : *ejus*.

[16] Id. : *deest*.

Monasterii et quemdam vicarium, nomine Tedasium, qui
injuste possidere et[1] tenere cupiebat consuetudines vicarie[2]
qua olim, tempore Odonis senioris[3], ac venerabilis comitis
teste Walterio, Turonicæ civitatis cive, a Corbone definitæ[4]
fuerant et prenominatæ, et a patre ejusdem Tedasii dimissæ;
de qua definitionis[5] ratione, nos, isdem Tedasius[6], graviter
molestans[7], tanta furia[8] in homines[9] nostræ possessionis
insurrexit[10], ut, hoc ipsum referretur, sicut[11] dictum est, ad
aures supranominati[12] comitis Odonis. Ex qua re dijudicavit
isdem[13] comes, ut omnes vicariæ quas reclamabat sepedictus[14]
Tedasius in terra Sancti Martini irritæ fierent, hisi ex IIII
causis, id est rapto, incendio, banno et furto. Ea si quidem
ratione, ut si colibertus in colibertum[15] in terra Beati Martini
consistens, aut ex aliis potestatibus Sancti Martini, pro aliqua
causa, adveniens, neglexerit, aut qualemcunque forfacturam
fecerit[16], nec[17] Tedasius, nec ullus vicarius, vicariam habeat;
sed omnia in potestate abbatis et monachorum jam[18] dicti
loci consistant. Si vero colibertus[19] contra ingenuum, aut inge-

---

[1] 12878 : desunt.
[2] D. H. : deest.
[3] Id. et 12878 : desunt.
[4] Id. : diffinitæ.
[5] Id. : diffinitionis.
[6] 12878 : Thedasius.
[7] D. H. et 12878 : molestians.
[8] Id. : in tantum excrevit furia ejus.
[9] Id. : in hominibus.
[10] Id. : deest.
[11] Id. : ut.
[12] Id. : deest.
[13] Id. : desunt.
[14] Id. : desunt.
[15] Id. : coliberto.
[16] 12878 : jam dictus.
[17] D. H. : non habebit inde nec ullus.
[18] Id. et 12878 : deest.
[19] D. H. : colebertus.

nuus contra colibertum, vel[1] eciam[2] ingenuus contra
ingenuum aliquam forfacturam fecerit, non habebit inde
memoratus Tedasius, nec alius, vicariam, *excepto de III* jam
dictis causis, id est rapto, incendio, banno et furto. Et hæc
non accipiet, nisi prius clamorem fecerit, si residens homo est,
ad ipsum abbatem, vel[3] ad ministrum ejus. De familia autem
Sancti Martini, si quis aliquid neglexerit, quocunque ministerio
utatur, tam ingenuus quam colibertus, sive hii[4] qui in[5] mo-
nasterialibus servitiis, seu forinsecus occupati[6] sunt[7], quoscunque monachi alunt, vestiunt, nutriuntque nullam vicariam[8] solvant, sed totum quidquid[9] neglexerint ubi et ubi
totum in potestate sit abbatis et monachorum ejus perpetualiter. Hæc vero definitio[10] et terminatio vicariæ est a ripa
Ligeris[11] usque ad terminum terræ Vindocinensis[12].

S. Odonis comitis. S. Hugonis archiepiscopi. S. Guanilonis
archiclavis. S. Hugonis archidiaconi. S. Guasfredi[13] vicecomitis. Item[14] Guasfredi[15], filii ejus. S. Harduini[16], filii Corbonis. S. Tedasii[17]. S. Gualterii[18]. S. Eblonis. S. Alberti clerici. S. Johannis Pauperis. S. Rainaldi. S. Ulrici. S. Girardi.

---

[1] D. H. : *ut.*

[2] Id. et 12878 : *etiam.*

[3] Id. : *aut.*

[4] Id. : *hi.*

[5] 12878 : deest.

[6] Id. et D. H. : *occupatis.*

[7] Id. : deest.

[8] Id. : *ut vicariam ullam non solvant.*

[9] Id. : *quicquid.*

[10] D. H. : *diffinitio.*

[11] Id. et 12878 : *Ligeri.*

[12] D. H. : *Vindocinensi.*

[13] Id. et 12878 : *Gaufredi.*

[14] 5141 : deest. — D. H. : *et.*

[15] D. H. et 12878 : *Gaufredi.*

[16] 12878 : *Arduini.*

[17] Id. : *Tedaschi.*

[18] Id. et D. H. : *Walterii.*

S. Rainaldi, filii ejus. S. Gisleberti[1]. S. Dadonis. S. Bernardi.
S. Arderardi. S. Hervei[2] Corvesini. S. Otgerii. S. Rotberti[3]
Muti. S. Warini clerici.

(Lat. 5441 IV, pp. 94-54. — Lat. 12878, f° 61 v°[5]. — D. Housseau, III, n° 367[6].)

XIV

1015-1034[7]. — Hardouin, chevalier, et les religieux de Marmoutier s'accordent au sujet d'un clerc, nommé Sulion,
que ledit Hardouin avait poursuivi jusque dans le cloître
de l'abbaye, et qu'il y avait tué. — Eudes confirme et
souscrit. (Catalogue, n° 32.)

Notitia convenientiæ Harduini militis, quam habuit cum
domno abbate Ebrardo et ceteris monachis Beati Martini
Majoris Monasterii. Evenit enim, ut, ipse et sui homines in
occisione cujusdam clerici, nomine Sulionis, in nostro claus-
tro infracturam facerent ; pro cujus fracturæ emendatione
et suæ reconciliationis causa, accepta a nobis parte pretii,
largiretur Sancto Martino et nobis de suo dominio in perpetuum possidendam partem insularum, quæ sunt de sua rocca
usque ad nostrum monasterium[8] ...... Et ut hæc convenientia
firmior et stabilior sit, ipse Harduinus et frater ejus cum suis
hominibus firmaverunt, et seniorem suum comitem Odonem,
ut firmaret, deprecatus est.

Signum Odonis comitis.

S. Harduini ipsius. S. Tedbaldi, fratris ejus. S. Gausfridi
de Sancto Aniano. S. Nivelonis de Dunensi castro.

(D. Housseau, I, n° 228[9].)

---

[1] D. H.: *Gillebzrti*.

[2] Id. et 12878 : *Herivei*.

[3] Id. : *Roberti*.

[4] Sans indication de source.

[5] *Ex chartario Majoris Mon.*

[6] *Ex cartulario Turonensi Maj. Mon., pag. 2, f° r° et v°.*

[7] Evrard, abbé de Marmoutier (1015-1034.)

[8] Inachevé dans D. H.

[9] *Ex arch. M. M.*

XV

1016, Vendôme. — Le comte [ ] des, à la prière de Gérard, son
vassal, affranchit un serf, nommé Herbert, pour qu'il
puisse recevoir les ordres sacrés. (Catalogue, n° 33.)

Quisquis in nomine sanctæ et individuæ Trinitatis, caritate
compunctus, aliquem ex servili familia a jugo servitutis ad
honorem libertatis accedere permiserit, pro certo confidat se
in die novissima perpetua et celesti libertate donari. Quod
ego quidem, Odo, gratia Dei comes, mente pertractans,
favente ac deprecante fideli meo Gerardo, quendam famulum,
nomine Heribertum, ex familia Sancti Aniani ortum, ad
sacros ordines promovendum, propter amorem Dei, facio liberum ; sitque ab hodie liber ac si ab ingenuis parentibus fuisset
genitus ; habeat vias quadrati orbis apertas, nullo contradicente. Et ut hæc libertatis carta firma sit, manu propria
subter eam firmavi.

Signum Odonis comitis, qui hanc firmavit cartulam.

S. Gerardi. S. Alberici. S. Rotgerii. S. Gilduini. S. Gual-
cherii. S. Adelonis. S. Ragenarii. S. Gaufridi. S. Huberti.
S. Gaufredi. S. Galterii.

Actum Vindocino castro, anno xx regnante rege Rotberto.
Vivianus signator scripsit.

(D. Housseau, II[1], n° 370[1].)

XVI

1020-1030[2]. — Francon, évêque de Paris, et Hédouin, comte
de Montdidier, seigneur de Ramerupt et d'Arcis, pour le
comte Eudes, s'accordent au sujet de l'avouerie de Rozoy.
(Catalogue, n° 37.)

Hæ sunt conventiones quas habuerunt Franco, Parisiorum
episcopus, et sui canonici contra Hilduoinum comitem, a

---

[1] Pas d'indication de source.

[2] Francon, évêque de Paris (1020-1030).

comite Odone Parisius missum de advocatione ville quæ Rosetus dicitur, quem misit ut annueret quod judices recte judicassent. Est judicatum quod advocatus debet habere in Roseto, I mansum terre et I receptum semel in anno, a Pascha usque ad Pascha, cum xxx hominibus et sui æqui annonam et farraginem, quem recipiet in domo majoris Sanctæ Mariæ; de pasnahio, silve medietatem. Et si quis, a die istarum conventionum silvam extripaverit[1] et agriculturam ibidem fecerit, precepto canonicorum, dimidiam partem census qui inde exierit advocatus abebit[2]. Si vero, sine voluntate canonicorum hoc factum fuerit, medietatem forfacti; et postea silva recrescat. Deinde dederunt episcopus et sui canonici Gozberto, tunc temporis ejusdem ville advocato, medietatem telonei et justitiæ ex forencibus a[3] mercatum venientibus, exceptis hominibus Sanctæ Mariæ ejusdem ville et quacumque ex parte venientibus, tali scilicet conventione ne postmodum in predictam villam indignas consuetutines mittat, neque in mercato cuiquam aliquid tollat, non[4] etiam suis hominibus dum in mercato fuerint, et si in foro aut in villa ipse idem aliquid ceperit, et per sacramentum comprobare poterit[5] se sciente illud non factum esse, infra mensem quo monitus fuerit a preposito Sanctæ Mariæ, capitale solvat et legem. Si quis vero suorum infra prescriptum terminum quo ad[6] preposito amonitus fuerit, eum justificabit et capitale cum lege reddifacizæt. Quod si noluerit, donum mercati forfactum absque æmendatione[7] habebit.

Episcopus Franco. Ingelardus decanus. Lisiardus archidiaconus et prepositus. Radbodus archidiaconus. Gozfredus[8] cantor. Arnaldus capellanus. Odo levita. Jozcærus[9] levita.

---

[1] Guérard : *extirpaverit.*

[2] Tardif : *habebit.*

[3] Guérard : *ad.*

[4] Id. : *nec.*

[5] Tardif : *potuerit.*

[6] Guérard : *a*

[7] Id. : *æmendatione.* — Guérard : *emendatione.*

[8] Id. : *Gosfredus.*

[9] Id. : *Jozcærus.*

Ivo [1] levita. Urso. Hugo subdiaconus. Drogo subdiaconus. Hilduinus, Manasses, Ivo, comites. Drogo vassus. Hudo. Lanbertus [2]. Mainardus. Garnerius. Durandus Gozberti [3].

> (Ed. Tardif, *Monuments historiques, Cartons des rois*, p. 162. — Guérard, *Cartulaire de Notre-Dame*, I, p. 325.)
>
> (Or. Arch. nationales, K. 18, n° 8 [v].)

XVII

1020-1037. — Les religieux de Marmoutier et Agnès, femme de Ganelon, trésorier de Saint-Martin, s'accordent au sujet des vignes du clerc Dafroy. — Eudes et ses fils souscrivent. (Catalogue, n° 38.)

Noscant cuncti successores nostri, cum domna Agnete, domni Wanilonis tesaurarii [4] uxore, nos talem convenientiam habuisse ob amorem sui senioris suumque, quantum ipsa vixerit : concessimus ei [5] illam emptionem quam fecit in terra nostra de vineis Dagfridi clerici, hac autem ratione ut, ipsæ vineæ et quicquid alterius ædificii in terra nostra fecerit, pro redemptione animæ senioris sui ac suæ, post obitum suum, in Sancti Martini revertatur dominium. Comitem vero Odonem hujus elemosinæ, favente suo seniore Guanilone, fecit participem, Ermengardim [6] quoque comitissam ac filios eorum Teodbaldum [7] scilicet et Stephanum, quorum potentia si forte, quod absit, aliqua inde [8] surrexerit calumnia, animarum suarum defendantur elemosinæ dona ; at, ipsa vivente, ne damnum aliquod propter hoc accidat nobis, sive de nostris consuetudinibus, seu de importunitate aliqua nostris homi-

---

[1] Guérard : *Yvo.*

[2] Id. : *Lambertus.*

[3] Id. : *Durandus, Gosberti.* — Ce dernier mot a été ajouté en interligne au-dessus du précédent. Si Gobert avait été une personnalité, on eût mis son nom à la suite des autres.

[4] D. H., XII : *Guanilonis thesaurarii.*

[5] 5441 [v] : *ei* manque.

[6] D. H. : *Ermengardum.*

[7] Id. : *Teothbaldum.*

[8] 5441 [v] : *inde* manque.

nibus a suis facta, hos fidejussores habemus, quorum nomina
subter notare curavimus, Willelmum, Rainaldum, Durandum,
Hildebertum.

S. comitis Odonis, qui hanc noticiam firmavit.

S. Teotbaldi[1], filii ejus. S. Stephani, filii ejus.

S. Guanilonis thesaurarii, qui hanc noticiam super altare
Sancti Martini posuit. S. Arduini, filii Gelduini. S. Nevelonis.
S. Guillelmi, filii Archingerii. S. Ingelberti.

+ + +

(D. Housseau, II[1], n° 434[2], et XII[u], n° 6714[3], — incomplet. —
Lat. 5441[iv], pp. 150-1[4].)

XVIII

1020-1037. — Renard, chevalier, donne à l'abbaye de Marmoutier l'église de Saint-Martin de Daumeray, le cens,
les autres coutumes et toute la viguerie dudit Daumeray,
les gages de bataille, deux métairies, des vignes, des prés
et la forêt de Châtillon. — Eudes et ses fils souscrivent.
(Catalogue, n° 39.)

Quisquis divine retributionis flagrat amore, quatenus[5] post
devictum hujus transitorii seculi certamen, mereatur voce
piissimi judicis optantissima quiete consolari, consequens
atque dignissimum credimus et confitemur ut, et hic fideli
sanctione, misericordia Dei cooperante, provehi ad incre-
menta sancte conversationis atque devotionis spe et ambitione
tendat, et quicquid aut fastus inique vite contulerit, aut
inertia humane imbecillitatis, ut assolet fieri mortalibus,
indixerit, provectu et supplemento piissimarum precum sanctorum sublevetur[6]. Itaque ego, in Dei nomine, Rainardus,
vir armis militaribus deditus, reminiscens meorum multitu-

---

[1] D. H. : *Teothbaldi.*

[2] *Ex arch. M. M.*

[3] *Excerpta ex cartul. Turon. Maj. Mon. Cod. prim., p. 60, f° v°.*

[4] Sans indication de source.

[5] D. H. : *quatinus.*

[6] Id. : *sublevatus.*

dinem peccatorum et ultimi judicii diem fortiter expavescens,
atque cum electis quibus Deus in illa dicturus est die : *Venite,
benedicti patris mei, percipite regnum quod vobis paratum
est,* aggregari desiderans, concedo Deo et Sancto Martino in
loco Majoris Monasterii aliquid de rebus meis, quod mihi[1] a
parentibus meis precedentibus dimissum est, videlicet ecclesiam Sancti Martini de Dalmariaco, et censum, et alias
consuetudines de burgo qui circa ecclesiam edificatur, et
totam vicariam, et bellum si ibi fuerit arramitum, et duas
meditarias, et cuncta prata que ibi juxta cimiterium[2] in meo
dominio habebantur, et duos arpennos, et dimidium de vineis
dominicis, et de aliis vineis totum censum quem in meo
dominio tenebam, et silvam que appellatur Castellonium.
Sed unus meus caballarius, Fulcradus nomine, si in ipsa
silva glandem habuerit, tertium denarium de pasnatico
habebit, et nihil[3] amplius, quoniam[4] in dominio monachi
Sancti Martini erit et apem de silva habere et leges de for-
factis que ibi facta fuerint. Si vero monachus totam silvam
succidere et arare voluerit, in sua deliberatione erit, et caballarius ultra nihil[5] habebit de terra. Si quis autem de heredibus meis, aut aliqua intromissa persona, contra hanc
donationem quam libera mente et propria voluntate, de *rebus
mihi*[6] a progenitoribus concessis, facio, aliquam calumniam[7]
monachis, post meum decessum, *inferre* voluerit, nisi cito
humiliatus ad eos proferens emendationem venerit, inprimis
Dei omnipotentis et perpetue virginis Mariæ atque omnium
electorum Dei iram incurret, et cum Juda traditore atque
Simone[8] mago vivus in infernum descendens semper ibi
ardebit, ac deinde irritum fiat quod vindicat. Ut autem hujus
donationis mee auctoritas pleniorem optineat firmitatem,

---

1 D. H. : *michi.*

2 Id. : *cymiterium.*

3 Id. : *nichil.*

4 Id. : *quam.*

5 Id. : *nichil.*

6 Id. : *michi.*

7 Id. : *calumpniam.*

8 Id. : *Symone.*

manu propria eam sub signo sancte crucis firmavi, manibusque senioris mei Landrici Balgentiacensis[1], in presentia
comitis Gausfredi[2] necnon multorum virorum fidelium, quorum nomina infra sunt scripta, affirmare rogavi.

S. Rainaldi[3]. S. Landrici. S. Johannis, filii ejus. S. Lancelini, filii ejus. S. Hervei, filii ejus. S. Fulcradi, hominis ejus.
S. Godefridi[4], hominis ejus. S. Rainaldi Farsiti. S. Ascelini.
S. Hilgoddi. S. Teoderici Gaillardi[5]. S. Guarnerii prepositi.
S. Odonis comitis. S. Theodbaldi[6] comitis. S. Stephani
comitis. S. Fulconis comitis. S. Gausfredi[7] comitis. S. Huberti
episcopi. S. Berengerii.

$+$

S. Gauzlini decani.

(Lat. 12878, f° 91 r° et v°[8]. — D. Housseau, III t, n° 456[9].)

XIX

1020-1037. — Le comte Eudes donne à l'abbaye de Marmoutier trois quartes de terre situées lieu dit *les Panières*,
et le droit de glandée pour cent porcs dans sa forêt
qui est entre deux eaux. (Catalogue, n° 40.)

Notum sit omnibus sanctæ Dei Æcclesiæ fidelibus, quod
dominus noster comes Odo, pro salute animarum parentum
suorum suæque et conjugis ejus ac filiorum suorum, Teoht-
baldo videlicet et Stephano, dedit ad Pasnaerias Sancto Martino tres quartas terræ mensuratas et ideo mensuratas, ne,
amplius labente seculo, excrescat, quod absit, ulla contentio
inter terræ ejus heredumque suorum prepositos et Sancti Mar-

---

[1] D. H. : *Balgenciacensis.*

[2] Id. : *Gauzfredi.*

[3] Id. : *Rainardi.*

[4] Id. : *Godefredi.*

[5] Id. : *Theoderici Guaillardi.*

[6] Id. : *Theobaldi.*

[7] Id. : *Gausfridi.*

[8] *Ex autographo.*

[9] « Archives de Marmoutier. Layette de Daumeré (Anjou). »

tini monachos ; in foresta autem sua, quæ est inter duas
aquas, dedit uno quoque anno pastionem ad centum porcos,
sine ullo pasnatico, et clausuram de predicta foresta ad campos
Sancti Martini claudendos cunctis diebus ; de stantivis[1] quoque quercubus suis quibusque locis virentibus, ad focum monachi qui in obedientia fuerit, ad sufficiendum similiter dedit.

   Signum comitis Odonis.
   S. filii ejus Theod + baudi.
   S. filii ejus Stephani +.
   S. Nevelonis. S. Harduini. S. Rotberti, prepositi Blesensis,
qui quartas mensuravit.

        (Or. Arch. de Loir-et-Cher. Fonds de l'abbaye de Saint-Laumer. —
              D. Housseau, II[1], n° 428[2].)

XX

1023-1037[3]. — Tiais, sur l'intervention du comte Eudes,
     remet à l'abbaye de Marmoutier le droit de viguerie
     qu'il tient en fief de Hardouin, dans la Gâtine, sur des
     terres de ladite abbaye. (Catalogue, n° 42.)

Omnibus et annotamus, quoniam habuerat Rainaldus
miles vicariam in Wastinia, in terra Sancti Martini Majoris
Monasterii...[4] Hanc denique Tedasius, post illius Rainaldi
decessum, cui per suam forciam[5] vivens tulerat, in curia
Odonis comitis, coram suis omnibus fidelibus, ipsum Odonem comitem ac ipsos monachos suum jus esse ipsam[6]
vicariam evici[7]. Verum[8], non multo pos... mmuni deprecatu
omnium fratrum, sed[9] et ipsius Odonis comitis interventu,
devincitur idem Tedasius ut illam Sancti Martini loco et fra-

[1] D. H. : *destantius.*
[2] « Archives de Marmoutier. Layette de la grenetterie de Blois. »
[3] Arnoul, archevêque de Tours (1023-1052).
[4] *Sic in* D. H.
[5] D. H., VII : *fortiam.*
[6] Id. : *hanc.*
[7] Id. : *evicit.*
[8] Id. : *at.*
[9] Id. : *et.*

tribus perpetuo tenendam deprecative redderet [1]...[2], jussu
itaque et auctoritate Harduini, de cujus beneficio eam tenet...[3]
præsentialiter testati firmaverunt et filiolos suos firmare fecerunt.

S. Odonis comitis. S. Hermengardæ, uxoris ejus. S. Te...[4],
filii ejus. S. Arnulfi archiepiscopi. S. Arduini. S. Tedasii.
S. Guicherii. S. Gelduini. S. Arduini vicecomitis. S. Hervei
vicecomitis. S. Ebulonis. S. Wanilonis thesaurarii. S. Johannis Pauperis.

(D. Housseau, XII[u], n° 6683[5], et VII, n° 2991 bis[6], — incomplet.)

XXI[7]

1034, 16 avril, Tours. — Le comte Eudes, du consentement de
   sa femme Hermengarde et de ses fils, donne le bois de
   Raret à l'abbaye de Saint-Julien de Tours. (Catalogue,
   n° 57.)

Anno MXXXIIII ab Incarnatione Domini, Odo comes, in diem
tertium Pasche, quo die statio episcopalis apud Sanctum
Julianum agitur, cum Arnulfo archiepiscopo ad monasterium
Sancti Juliani, cum multis obtimatibus, venit, ibique a monachis et[8] abbate Richerio honorifice susceptus, in capitulum
Sancti Juliani est conductus accepitque societatem[9] loci. Ipse
uxorque ejus Ermengardis ac filii ejus, ob recompensationem
memoriamque date sibi societatis, per deprecationem Wanilonis thesaurarii, qui de ipso tenebat, concessit Sancto Juliano et

---

[1] D. H., VII : *traderet.*

[2] *Sic in* D. H.

[3] Id.

[4] Id.

[5] *Excerpta ex cartul. Turon. Maj. Mon. Cod. prim., pag. 4, f° v°.*

[6] *Ex chartulario rerum Turon. M. M., pag. 4ta, f° v°.*

[7] Des fragments de l'original ont été retrouvés par M. L. de Grandmaison,
archiviste d'Indre-et-Loire, dans les reliures des registres de l'état civil de
Tours.

[8] 5443 : *monachis et* manquent.

[9] Id. : *acceptaque societate.*

monachis ejus boscum Rareti perpetualiter adhabendum ad
omnes focos omnium officinarum monasterii enutriendos, et ad
monasterium cooperiendum, et ad omnes officinas ipsius ecclesie construendas, et ad vineas suas faciendas et claudendas,
et ad omnia sua opera, ine forestagio et requisitione alterius
consuetudinis. Concessit etiam, in eodem capitulo, Sancto
Juliano et monachis ejus perpetualiter percursum et pascuaria
ejusdem silve ad ccc porcos saginandos, omni tempore, sine
pasnatico et alia ulla consuetudine. Plures porcos si mittere
vellent, hoc a dominis silve et a forestariis exigerent. Hec
omnia concessit Sancto Juliano et monachis suis pro salute
anime sue uxorisque ac filiorum suorum, Tetbaldi ac Stefani.
Petiit etiam ut quo die moreretur, nomen ejus inter nomina
fratrum scriberetur et memoria ejus ageretur. Quod monachi
fideliter devoteque concesserunt.

Signum + Odonis comitis.

Testes hujus rei : Arnulfus archiepiscopus. Guanilo thesaurarius. Eblo. Johannes Pauper. Gaufridus, vicecomes Dunen-
sium. Arduinus vicecomes. Ilduinus, comes de Ramelu.
Guarinus Male Corone. Otgerius, filius Otgerii. Burcardus,
frater ejus.

De hominibus Sancti : Bernardus clericus. Gauzbertus.
Rainaldus Bornus. Durandus. Gauzcelinus. Rainerius. Rai-
naldus monachus[1]. Rainaldus Cancellis. Girardus. Petrus
Valens.

Acta sunt hec Turonus, in capitulum Sancti Juliani, regnante Heinrico rege anno III.

(Baluze, t. 77, fº 96 rº[2]. — Lat. 5143, pp. 33-4[3].)

XXII

1034, 11 juillet. — Gédouin de Saumur fonde l'abbaye de Pontlevoy et lui donne les églises de Notre-Dame et de Saint-
Pierre. — Eudes consent et souscrit avec ses fils Thibaud
et Etienne. (Catalogue, nº 58.)

[1] 5143 : medicus.
[2] Ex archivis monasterii S. Juliani Turonensis.
[3] Pas d'indication de source.

Divinarum nonnullis scripturarum asseritur paginis, non minimum sibi in futuro previdere quicumque catholicus, superna tactus conpunctione[1], quampiam sui juris partem sanctæ matris Æcclesiæ usibus contulerit. Quibus non dubitandis assertionibus credulus, ego Gilduinus, videlicet miles, pro meorum peccaminum venia atque sempiterna requie consequenda, aliquid meæ possessionis, et si non quantum deberem, tamen pro re communi omnium ortodoxorum[2], matri Æcclesiæ devote tribuo. Ecclesias igitur quas apud Pontem Leviatum, unam virgini dicatam Mariæ, matri Domini, alteram vero beato Petro, apostolorum principi, tenebam, cujus ætiam altare sub vicarii nomine possidebam, qui ibi Deo assidue serviant monachis perpetualiter concedo, ita libere et absolute, ut illas tenere dinoscor. Huic autem facto Carnotensium presul, Teodericus, annuit, atque Odonis comitis necnon comitissæ Ermengardis, meis ætiam multorum quoque ceterorum bonorum supplicationibus commonitus, earundem[3] æcclesiarum altaria, ut hujus elemosine non minimus efficiatur particeps, fratribus inibi Deo famulantibus concedit, nec vero largitur illud implicitum vel alicui excepto domino obnoxium, sed ab omni episcopali retentione seu venditione perenniter absolutum, ab omni vero circada atque panita liberum, privilegii ætiam auctoritate subnixum. Quod ut firmius atque stabilius permaneat, hoc inde privilegium episcopus Teodericus propria manu firmavit, atque comes Odo, comitissa vero Ermengardis, ego etiam ipse Gilduinus, hujus rei inceptor. Testes vero inde habentur quam plurimi non ignobiles.

Signum Odonis comitis +. S. Ermengardis comitisse. S. Tetbaldi comitis. S. Stephani comitis. S. Harduini decani. S. Euvrardi subdecani et cancellarii[4]. S. Gilduini vicecomitis. S. Harduini, filii ejus. S. Hugonis Rufl. S. Sigonis cantoris.

[1] D. H. : *compunctione.*

[2] Id. : *orthodoxorum.*

[3] Id. : *earumdem.*

[4] Id. : ces deux derniers mots placés à tort à la suite du *signum* de Gédouin.

S. Radulfi [1] Pharisei. S. Stephani subcantoris. S. Guillelmi
prepositi. S. Arnulfi [2] archidiaconi. S. Girogii prepositi. S.
Hugonis Carnotensis. S. Hilduini prepositi. S. Huberti prepositi. S. Hilduini filii Rainaldi vicedomini. S. Agoberti presbyteri. S. Odoni canonici. S. Huberti presbyteri. S. Alcherii prepositi [3]. S. Sigonis [4] canonici. S. Nivelonis. S. Haimerici.
S. Girardi Botelli. S. Rainerii.

Actum est [5] plublice [6] Carnoti, v idus julii, iii anno regni
Hainrici regis Francorum.

Ego Philippus, Dei gratia Francorum rex, conces... [7] et
hoc scriptum sigillo meo corroborari precepi, anno regni
mei xvi.

(Or. Arch. de Loir-et-Cher. Fonds de l'abbaye de Pontlevoy. — D.
Housseau, II[t], n° 420 [8].)

XXIII

1034-1037 [9]. — Gaubert de Maillé et les religieux de Marmoutier s'accordent, en présence du comte Eudes, au
sujet du tonlieu levé par ledit Gaubert sur les marchandises de l'abbaye. (Catalogue, n° 61.)

Nota sit hæc convenientia nostris successoribus, quam cum
Gausberto [10] de Malliaco [11] fecimus, pro teloneo quod requirebat de [12] rebus Sancti Martini, quæ transibant, aut ascen-

---

[1] D. H. : *Radulphi.*

[2] Id. : *Arnulphi.*

[3] Id. : *deest hoc signum.*

[4] Id. : *Signonis.*

[5] Id. : *hoc* ajouté.

[6] Id. : *publice.*

[7] Id. : « Le sceau en placard n'y est plus. »

[8] *Ex archivis abbat. B. M. Pontileviens. ord. S. Bened.* -- Nous ne
donnons les variantes de D. H. que pour établir l'incorrection de ses copies et
provoquer à leur endroit une défiance justement méritée.

[9] Albert, abbé de Marmoutier (1034-106?).

[10] D. H., II : *Gauxberto.*

[11] Id. : *Mailliaco.*

[12] Id. : *ex.*

dendo, aut [1] descendendo, infra terminos castelli sui, sive per terram, sive per aquam, nobis non minimam faciebat injuriam. Cogebat enim nos ad reddendum sibi telonium [2] quod antecessorum nostrorum suorumque temporibus fuerat inauditum. Sed tandem, nobis contradicentibus, quæ male cœperat [3] gessisse penituit, ac de se suisque pro injusto quod cœperat [4] telonio [5] domno Alberto abbati legitimam emendationem guadiavit. Denique consuetudines [6] quas requirebat pro exclusatico molendini, qui fuerat domno David monacho, excepto censu legali, cunctas perpetualiter guerpivit [7], cujus igitur satisfactionis humilitatem domnus abba [8] respiciens, et ut hoc quod guerpiverat [9] per assensum filiorum suorum Arduini, Gelduini, Sancelini, semper maneret firmum, totum emendationis factæ debitum ei dimisit, deditque ei unum caballum precii trium librarum. Fuit autem hæc convenientia firmata in comitis Odonis præsentia, per voluntatem et assensum Gelduini, ex cujus beneficio præfatus Gausbertus [10] videtur tenere castrum Maileacense [11]. Testes vero qui ad hoc audiendum convocati fuerant [12] subtus notati sunt.

Odo comes. Gelduinus Salmuriensis [13]. Arduinus vicecomes. Hamelinus major. Haimericus Ballista [14]. Guanilo thesaurarius. Dado. Richardus major. Rainaldus major. Landricus

---

[1] D. H.; II : vel.

[2] Id. et XII : theloneum.

[3] Id. : ceperat.

[4] Id. : id.

[5] Id. : theloneo.

[6] XII : quidquid.

[7] II et XII : guirpivit.

[8] Id. : abbas.

[9] Id. : guirpiverat.

[10] II : Gauzbertus.

[11] II : Mailliacense. — XII : Malliacense.

[12] II et XII : fuerunt.

[13] Id. : Salmurensis.

[14] Id. : Balista.

servus. Tedasius. Bernardus Bloius. Rainfredus presbyter[1].
Frotmundus. Alfredus Francus.

(Lat. 12878, f° 77 v°[2]. — Lat. 5441[iv], p. 136[3]. — D. Housseau,
II[II], n° 6764, et XII[II], n° 6692[5].)

XXIV

1034-1037[6]. — Le comte Eudes, à la prière de Hermengarde et
du consentement de ses fils, Thibaud et Etienne, donne à
l'abbaye de Marmoutier l'eau de Fontcher, avec la pêche,
sauf un vivier. (Catalogue, n° 62.)

Omnes homines qui se, rationis munere, cæteris animali-
bus præferri noverint[7], summo studio niti decet ne, cælestia
postponentes solisque terrenis dediti, ignaviæ suæ merito
comparentur pecoribus, quæ summus dispensator prona
atque ventri obedientia finxit. Unde et jaculo exprobrationis
divinæ feriantur, qua dicitur : *Homo cum in honore esset,
non intellexit ; comparatus est jumentis insipientibus, et
similis factus est illis.* Sed vi rationis verbisque Salvatoris
excitati, dicentis : *Date et dabitur vobis*, demus nunc in
præsenti, ut sit quod nobis in futura remuneratione valeat
recompensari. Qua salubri consideratione ego, Odo comes,
sollicitatus, disposui aliquid ex his quæ temporaliter accepi,
pro animæ meæ patrisque mei ac matris, conjugisque meæ
ac filiorum meorum redemtione[8], per manus pauperum,
fideli debitori lege fœnoris committere Deo quod, post tempus,
in æterna retributione centena merear multiplicatione reci-
pere ; quod ut probabilius fieri possit, illud egregium pauperum genus elegi, quod sub monachili habitu sua seque dere-
linquens[9], voluntariæ subdidit paupertati. Igitur fratribus his

---

[1] D. H., II et XII : *presbiter.*
[2] *Ex autographo.*
[3] Sans indication de source.
[4] Id.
[5] *Excerpta ex cartul. Turon. Maj. Mon. Cod. prim., pag. 17, f° r°.*
[6] Albert, abbé de Marmoutier (1034-1064).
[7] 5441 et D. H. : *noverunt.*
[8] Id. : *redemptione.*
[9] Id. : *relinquens.*

qui in Turonensi cœnobio, quod Majus Monasterium dicitur, Christo proposse sub abbate Alberto famulantur, dono aquam Fontis Cari[1], cum omni piscaria, liberam et quietam et ab omni contradictione, vel exactione, sive consuetudine, seu participatione cujusquam hominis sive liberi, sive servi, prorsus absolutissimam, et excepto quodam vivario meo, quod mihi[2] retineo, non longe ab illa aqua sito, totum de integro quicquid illic habeo, nihil inde aliquid alicui permittens, libenter illis concedo, per deprecationem uxoris meæ Ermengardis assensuque filiorum meorum, Tetbaldi videlicet et Stephani. Cujus ego donationis chirographum[3], ut firmum ratumque permaneat in perpetuum, manus propriæ caractere corroboravi conjugisque meæ prænominatæ, filiorum quoque ac fidelium meorum manibus corroborandum tradidi, quorum infra scripta sunt nomina.

S. Odonis comitis +. S. Ermengardis, uxoris ejus +. S. Tetbaldi, filii ejus +. S. Stephani, filii ejus +. (S. Wanil) onis[4] thesaurarii S. Gelduini de Salmuro. S. Gervasii thesaurarii. S. Warini prepositi. S. Lancelini de Balgenziaco[5]. S. Dadonis de Sancto Aniano.

(Lat. 12878, f° 77 r°[6]. — Lat. 5441[v], p. 108[7], — incomplet. — D. Housseau, II[t], n° 415[8], — incomplet.)

XXV

1034-1037[9]. — Le comte Eudes, du consentement de Hermengarde et de ses fils Thibaud et Etienne, donne à l'abbaye de Marmoutier, outre l'eau de Fontcher, le vivier qu'il s'était réservé d'abord. (Catalogue, n° 63.)

---

[1] D. H. : *Chari.*

[2] Id. et 5441 : *micht.*

[3] Id. : *cyrographum.*

[4] 5441 : *Odonis.*

[5] D. H. : *Balgensiaco.*

[6] *Ex autographo.*

[7] Pas d'indication de source.

[8] « Archives de Marmoutier. Foncher. »

[9] Postérieure à la charte précédente.

Quoniam Dei bonitas in tantum acceptat elemosynam [1], ut et peccatorum remissionem et vitam propter eam mortalibus conferat sempiternam, justum satis *esse* probatur, ut qui et peccatis obstringuntur et divitiis locupletantur, *donis* Dei indulgentiam a Deo peccatorum et vitæ insuper æternæ emant sibi præmium. Quod egó, comes Odo, mecum sepe revolvens, et quam [2] plurima de sæculari conversatione *peccata contraxerim*, multas quoque a Deo terrenas divitias acceperim *considerans*, decrevi pauperum Christi inopiam mea temporali supplere in hoc sæculo abundantia [3], ut et illorum in futuro meam *necessitatem abundantia suppleat sempiterna* [4]. Fratibus igitur qui in Majori Monasterio Deo sanctoque Martino serviunt et, cum paupertate spiritus, rerum quoque sæcularium pauperiem voluntarie ab renuntiatione [5] professi sunt, aliqua dare disposui de his quæ ab omnium largitore, licet immeritus, dispensanda potius quam retinenda suscepi. Dederam quidem eis jampridem aquam Fontis Cari [6], *cum omni piscaria, sicut eam tenebam*, liberam et quietam, sed vivarium quoddam non longe ab illa aqua situm, mihi [7] retinueram, quod propriis usibus deservire volebam. Sed ut plenior et perfectior elemosynæ [8] illius fiat oblatio, hoc quoque vivarium, sicut et ceteram aquam et piscariam, prædictis fratribus solidum quietumque concedo. Hoc autem ago pro [9] Dei maxime sanctique Martini amore fratrumque supradictorum sustentatione, utque mei memoria apud ipsos semper habeatur et sicut nihil mihi [10] retinui, vel cuiquam alii homini, vel in prædicta aqua, vel in vivario concessi, sed totum, sine cujuslibet qualicunque consuetudine, illorum potestati sub-

---

[1] 5441 et D. H. : *elemosina*.
[2] Id. : *quia*.
[3] Id. : *abundantiam*.
[4] Id. : *sempiternam*.
[5] Id. : *renunciatione*.
[6] 5441 : *in Fonte Caro*.
[7] 5441 et D. H. : *michi*.
[8] Id. : *elemosinæ*.
[9] Id. : *prædicti* au lieu de *pro Dei*.
[10] Id. : *michi*.

jicio, ita et ab ipsis numquam mei mentio in orationibus suis
relinquatur. Facio autem hoc assensu conjugis meæ Ermengardis[1] nomine, filiorumque meorum, Tetbaldi et Stephani,
voluntate, ut habeant mecum, sicut in dono, sic in præmio,
participium. Hujus quoque doni cartam signo meo corroboro,
fideliumque meorum manibus corroborandam trado.

S. Odonis comitis +. S. Hermengardis comitissæ +. S.
Tetbaldi comitis +. S. Stephani comitis +. S. Gelduini de
Bretulio. S. Arduini, filii ejus. S. Gualeranni, fratris ejus.
S. Nivelonis. S. Guarini præpositi. S. Burcardi[2] monachi.

(Lat. 12878, p. 68 r° [3]. — Lat. 5441 IV, pp. 107-8 [4], — incomplet. —
D. Housseau, II[1], n° 414 [5].)

XXVI

1034-1037 [6]. — Le comte Eudes donne à l'abbaye de Mar-
    moutier 48 arpents de prés, situés lieu dit anciennement
    Mercureuil. (Catalogue, n° 64.)

Notum fiat nostrorum [7] posteritati successorum, quod Odo
comes junior dedit Sancto Martino Majoris Monasterii XLVIII
arpennos pratorum, quæ sita sunt in loco que [8], vulgari ser-
mone, antiqui Mercuriolum appellare consueverunt. Quod
qualiter factum sit, ob rei affirmandam veritatem, sequens
sermo declarabit. Dum isdem comes illustrissimus, obtimatum [9] constipatus multitudine, utpote vir nobilissimus et cui
maxima mundi hujus dignitas, jure consanguinitatis, compe-
tebat, gratia sua visendi receptacula, per Turonus confinium

---

[1] 5441 et D. H. : *Hermengardis*.

[2] Id. : *Burchardi*.

[3] *Ex autographo*.

[4] Sans indication de source.

[5] « Titres de Marmoutier. Foncher. »

[6] Albert, abbé de Marmoutier (1034-1064.)

[7] D. H. : deest.

[8] Id. et 12878 : *quam*.

[9] 12878 : *optimatum*.

equitaret, domnus Burchardus[1] monachus, qui pro supradictis pratis rogaturus eum, jussu domni abbatis Alberti, subsequebatur, in ulmeto Fontis Cari, ubi tunc ipse venabatur, comitatui suo se immiscuit. Qui cum apud ipsum gloriosissimum comitem precem pro eisdem pratis, ut Sancto Martino ea[2] annueret, fudisset, sine mora quod petebat, benignissime indulsit, quippe qui ad hoc animum intenderat ut Martinum sanctissimum ejusque famulos in omnibus honoraret, et quia[3] fenationis tempus instabat, memorato monacho fœnum ex eisdem pratis colligendi licentiam deposcenti, non solum tribuit, sed etiam ipsa prata in eternum libere et quiete, sicut ipse tenuerat, Sancti Martini ditioni mancipavit, multis nobilibus, qui eo tempore suo lateri inherebant videntibus et audientibus, quorum hic aliqui pro testimonio subscripti sunt.

Burcardus[4] monachus. Guanilo thesaurarius. Guarinus[5] Mala Corona. Geraldus[6] de Foreis. Hubertus de Firmitate. Adraldus major de Columbario. Hugo de Duben. Archembaldus Leschos[7].

(Lat. 5441[IV], p. 105[8]. — Lat. 12878, f° 78 r°[9]. — D. Housseau, II[1], n° 430[10].)

XXVII

1034-1037[11]. — Le comte Eudes abandonne à l'abbaye de Marmoutier l'église de Saint-Médard, située dans le Vendômois. (Catalogue, n° 65.)

---

[1] D. H. : *Burcardus.*

[2] 12878 : deest.

[3] D. H. et 12878 : *tunc.*

[4] Id. : *Burchardus.*

[5] 12878 : *de.*

[6] D. H. et 12878 : *Giraldus.*

[7] 12878 : *Lescos.*

[8] Pas d'indication de source.

[9] *Ex autographo.*

[10] « Titre de Marmoutier. »

[11] Albert, abbé de Marmoutier (1034-1064.)

Justum esse credimus et christianæ pietati congruum, ut,
potentes sæculi hujus, de propriis facultatibus, quas a
prioribus suis jure hereditario possidendas per legitimas
successiones suscipiunt, ecclesiis Dei famulantibus unde
sustententur tribuant. Qua ego, Odo comes, recta consideratione animatus, pro animæ meæ atque uxoris redemtione,
et filiorum meorum incolumitate, concedo Sancti Martini
ecclesiæ apud Majus Monasterium, sub deprecationem donni
Alberti abbatis monachorumque ipsius loci, ecclesiam quandam in pago Vindocinensi sitam, quæ Sanctus Medardus
nominatur. In hujus autem pietatis operatione, Salomon de
Labarzinio, Walterius, filius Hamelini, Burchardus, qui de
me prædictum locum in beneficio tenebant, pro lucro æternæ
hereditatis, consenserunt. Et ut hæc descriptio majorem per
tempora obtineat vigorem, manu propria eam subterfirmavimus manibusque nostrorum fidelium corroborandam tradidimus, quorum nomina hic subterscripta continentur.

Herveus vicecomes. Girbertus de Brena. Bernardus de
Sancto Aniano. Gauscelinus de Blesi. Dado de Sancto
Aniano. Dado, filius ejus. Raimundus de Blesi. Amalricus de
Fisco.

    (Lat. 12878, f° 83 r° ¹.)

XXVIII

1034-1037 ². — Le comte Eudes met un terme aux exactions
  que le trésorier Ganelon et le prévôt Garin, ses hommes,
  commettaient sur les terres de Marmoutier. (Catalogue,
  n° 66.)

Notum sit omnibus fidelibus christianæ religionis, præsentibus scilicet atque futuris, quia venit Odo comes apud Majus
Monasterium veneruntque ante eum Albertus abbas atque
pars congregationis ejusdem loci, nimium se declamantes de
importunitatibus et forisfacturis ³ quam faciebant in terra

---

¹ Ex autographo.

² Albert, abbé de Marmoutier (1034-1064).

³ D. H. : forsfacturis.

Sancti Martini homines ejusdem comitis, Wanilo scilicet archiclavis atque Warinus præpositus. Quam reclamationem
isdem comes benigne suscipiens, jussit ut homines jam dicti
archiclavis atque præpositi guadimonium darent et ut easdem
importunitates, quas injuste eis intulerant, cum lege emen-
darent, et deinceps nullus existeret qui eis[1] violentiam inferre
auderet.

S. Odonis comitis. S. Dadonis. S. Hervei vicecomitis. S.
Girberti de Brena. S. Johannis Pauperis. S. Rainaldi juvenis.
S. Hamelini majoris. S. Richardi majoris. S. Rainaldi
majoris.

(Lat. 12878, f° 205 r° 2. — D. Housseau, XII u, n° 6750 3.)

XXIX[4]

1035, 27 mars. — Gédouin, chevalier, Adénor, sa femme, et
Geoffroy, leur fils, confirment la fondation de l'abbaye de

---

[1] D. H. : *eis ullam.*

[2] *Ex cartario rerum Turonensium.*

[3] *Excerpta ex cartul. Turon. Maj. Mon. Cod. prim., pag. 138, f° r°.*

[4] Charte fausse. Elle se compose de deux pièces de parchemin cousues
l'une à l'autre. Dans la première, on a cherché à imiter, à la fin du xi° siècle
ou au commencement du xii° au plus tard, une écriture antérieure. La
seconde, qui commence aux mots : *In nomine Domini...*, a porté un grand
sceau plaqué, attribué au roi de France; elle est d'une autre main que la
première et d'une encre plus pâle. Le sceau a dû être détaché d'un acte
authentique et rapporté ici.
Outre qu'une confirmation s'écrit toujours sur l'acte lui-même, voici des
extraits d'une charte d'Eudes I°°, qui a bien évidemment servi de modèle au
faussaire :
Quanta et quam benignissima circa humanum genus Dei existit pietas,
nullus mortalium, vel corde cogitare, vel verbis dicere potest. Invitat enim
nos ut, post multa perpetrata scelera, ad eum redeamus, pie et misericorditer
dicendo : *Venite ad me omnes qui laboratis et onerati estis, et ego refi-
ciam vos,* et in alio loco, in evangelio hortatur nos, ut de terrenis rebus atque
caducis adquiramus cœlestia et in æternum mansura, taliter inquiens : *Facite
vobis amicos de mammona iniquitatis, ut cum defeceritis, recipiant vos
in æterna tabernacula.* Idcirco, ego, in Dei nomine..., vir armis militaribus
deditus, meorum reminiscens multitudinem peccatorum et ultimi judicii diem
fortiter expavescens, atque cum illis fidelibus, quibus Deus in illa dicturus die
est : *Venite, benedicti patris mei, percipite regnum quod vobis paratum*

Notre-Dame de Pontlevoy et énumèrent ses biens, sis audit Pontlevoy et à Chaumont. — Eudes et ses fils consentent et souscrivent. (Catalogue, n° 67.)

Quanta et quam benignissima circa humanum genus Dei extitit pietas, nemo mortalium ultor decogitare vel verbis aperire potest; invitat enim nos, ut, post multa perpetrata scelera, ad eum redeamus, pie et misericorditer dicendo : *Venite ad me omnes qui laboratis et honerati estis, et ego vos respiciam,* et in alio loco euvangelii, hortatur nos ut de terrenis rebus adque caducis adquiramus celestia et in æternum mansura, taliter inquiens : *Facite vobis amicos de mammona iniquitatis, ut cum defeceritis, reficiant vos in æterna tabernacula.* Igitur, in Dei nomine, ego Gelduinus, vir seculari militiæ subditus, et Adenors, uxor mea, Gauffredusque filius noster, nostrorum reminiscentes multitudinem peccatorum et ultimi judici diem fortiter expavescentes, atque, cum illis fidelibus, quibus Deus in illa die dicturus est : *Venite, benedicti patris mei, percipite regnum,* aggregari desiderantes, concedimus sanctæ Dei genitrici Mariæ semperque virgini, de nostris rebus nobis dimissis a nostris progenitoribus ; agimus autem hoc in presentia domni Ansberti abbatis monachorumque qui ibi jam congregati vel congregandi sunt, militantes summo regi, secundum regulam sancti Benedicti, piissimi patronis, quatenus de animabus parentum nostrorum

---

est, aggregari desiderans, dono ad locum Majoris Monasterii... ea scilicet ratione, ut semper memoriam nostri in suis orationibus habeant, et pro me peccatore die et nocte Dei clementiam exorent, ut cum mihi dies mortis advenerit, non gaudeat de anima mea pestifer inimicus, sed eam beatus Martinus eripiat de manu diaboli et de pœnis inferni, et transferat, sua intercessione, ad gaudia florentis paradisi. Si autem aliquis ex fratribus et sororibus, vel nepotibus, seu aliis propinquis, aut ullus unquam homo, vel femina, contra hanc donationem, quam libera mente et propria voluntate, ex rebus mihi a progenitoribus meis specialiter concessis, facio, aliquam calumniam monachis, post meum decessum, inferre voluerit, nisi cito humiliatus ad eos proferens emendationem venerit, in primis Dei omnipotentis, et perpetuæ virginis Mariæ atque beati Petri, qui habet claves cœlorum, seu gloriosi confessoris Christi Martini...., necnon et omnium electorum Dei, iram incurrat, et cum Juda traditore atque Simone mago..... vivus in infernum descendat, et semper ibi ardeat..... Ut igitur hæc auctoritas firmior habeatur..... Data mense decembrio, apud Blesis, anno primo Hugonis regis...

(Lat. 12878, f° 48 r° et v°. — Sans indication de source.)

et nostris qui abbatiam prout possumus, toto corde con-
struimus, memoriam in suis orationibus habeant, et pro nobis
peccatoribus Dei clementiam exorent, ut, cum nobis dies
mortis advenerit, non gaudeat de nobis pestifer inimicus, sed
per beatæ Mariæ intercessionem eripiat nos misericordia
Christi de manu diaboli et penis inferni, et transferat ad
gaudia paradisi. Denique sciant presentes et futuri, quod,
huic nostro facto libenter annuit comes Odo et Ermengardis
comitissa, filii quoque eorum, Tetbaldus et Stephanus, ex
quorum beneficio tenemus que prefate ecclesie tribuimus, et
hic nunc nominatim recipaverimus quippe est in hac donatione ecclesia Sancti Petri, que hactenus fuit Pontisleviati,
sed amplius erit sub divina Dei genitrici, similiter servi et
ancille omnes ad eam pertinentes, hic et ubique degentes,
totaque burchi consuetudo, census et vicaria, teloneum
quoque et pedagium, insuper omnes consuetudines ab illo
exeuntes, beneficium autem IIII^{or} æquitum, Hemerici Pirarii,
Tetbaldi Regis, Walterii Belsarii, Otelini, filii Adelelmi de
Sivrai; similiter Calmonti dedimus quatuor arpennos vinea-
rum, cum omni consuetudine, et de silva Calmontis tertiam
partem pasnatici, et ad dominicos porcos de pastione quantum
duraverit, necnon in supradicto castello omnem quæ mihi ab
aliis persolvitur consuetudinem, sive ex aqua, seu ex aliqua
re, quæ venundari vel emendi potest; de pratis vero, quatuor
arpennos super ripam Siscie; addimus autem huic nostro
beneficio, de villa furnum, et censum qui mihi solvebatur de
terra Sancti Petri ad præsens in dominium; cetera vero spon-
demus deliberare, quod si nequiverimus filio nostro id facien-
dum, dimittimus ceterum casamenta Valterii Inferni, Hervœi
Mestiverii, Frederici de Castello Duno, quæ ab utrisque
ecclesiis nostro dono possident, adhuc invitus retineo quæ
libere ea huic dono inserere non prævaleo, verum ante ves-
tram presentiam polliceor hoc me facturum quam citius po-
tero; hæc itaque et cetera que, vel nos, vel aliorum fidelium
devotio, jam sæpe dicto loco concessimus, vel concessuri
sumus, ab hodie in antea libere et quiete possideant abbas et
monachi Sancte Marie, nemine contradicente. Si quis vero ex
fratribus et sororibus, vel nepotibus, seu aliis propinquis nostris, aut ullus umquam homo, vel femina, contra hanc donationem, quam propria voluntate facimus, aliquam calump-

niam monachis inferre voluerit, nisi cito humiliatus ad eos
proferens venerit, in primis Dei omnipotentis et perpetuæ virginis Mariæ, atque omnium electorum Dei, iram incurrat, et
cum Juda traditore atque Symone mago vivus in infernum
descendens, semper ibi ardeat, ac deinde irritum faciat quod
vendicat. Ut igitur hæc auctoritas firmior atque stabilior sit,
eam manibus nostris signo sanctæ cru + cis firmavimus, et
manibus seniorum nostrorum et multorum virorum nobilium
firmandam et corroborandam tradidimus.

Signum Odoni + comitis. Signum Ermengardis comitissa.
Signum Tetbaudi comitis. Signum Stephani comitis. Signum
Theodorici episcopi. Signum Gelduini. Signum Adenors,
uxori sue. Signum Gosfredi, filii eorum. Signum Gosfredi
vicecomitis. Signum Gelduini de Britolio. Signum Harduini,
filii ejus. Signum Wanili thesaurarii. Signum Hervei Burgo-
nici. Signum Gauscelini de Brezis. Signum Wicherii infantis.
Signum Gaufredi, filio Burchardi. Signum Lurois. S. Cam-
pelini. S. Willelmi Drucis. S. Landranni. S. Gisleberti, filii
Udonis. S. Udonis, filii Gisleberto. S. Attonis, filii Hilgodi.
S. Vinaldi. S. Mainardi Usarii. S. Willelmi, filii Ernaldi.
S. Tesselini clerici. S. T...... S. Gelduini, filii Huberti. S. Tetbaldi Regis. S. Rainaldi. S. Walterii, fratris ejus. S. Rainaldi de Rege Morantino. S. Dadonis. S. Bernardi de Sancto
Aniano. S. Rainaldi. Signum Rotberti præpositi. S. Hervei
vicecomitis. S. Gelduini, filii ejus. S. Rainerii. S. Sigefridi. S.
Odonis cubicularii. S. Arnulfi archidiaconi. S. Willelmi præ-
positi. S. Sigonis. S. Lurois. S. Hildegarii. S. Walterii Rufi.
S. Ascelini. S. Aiverdi. S. Hugoni, filii Ocherii.

Anno ab Incarnatione Domini millesimo XXXV, concur-
rentes duo, indictione tertia, epacta novem, terminus Paschæ
VIº kalendas aprilis, dies domini Paschæ tertio kalendas
aprilis, luna ipsius diei septima decima.

Dato in mense julio, anno quarto Henrici regis regni. Sunt
præterea huic testamento multa addita et coram testibus a
domno Gaufrido, supradicti Gelduini filio, deliberata atque
corroborata, quæ ante huic paginæ non fuerunt inserta, licet
a nobili Gelduino fuerint ut cætera concessa; ipse etiam
domnus Gauffredus addidit ecclesia quandam Sancti Gervasii,
in prospectu Blesis.

In nomine Domini, Dei gracia, Philipus, Francorum rex,

hoc scriptum et firmamentum supradicte donacionis concessimus et manu nostra propria signavimus publice Parisius, in
palatio nostro, anno regni nostri XVIe, et sigillo nostro cor-
robori precepimus, anno incarnati Verbi millesimo septua-
gesimo quinto.

Signum Anne, matris Philippi regis. Signum Frederici,
regis dapiferi. Signum Henrici, regis constabularii. Signum
Hugonis camerarii. S. Hervei, magistri pincernarum. Signum
Gausfridi de Calvomonte, cujus petitione, precatu, astipulatio
presens facta est.

Guasfridus, Parisiorum episcopus et idem regis cancella-
rius, relegendo laudavit.

(Or. Arch. de Loir-et-Cher. Fonds de l'abbaye de Pontlevoy.)

XXX

1083 [1] ? — Le comte Eudes, à la prière de Hermengarde et du
consentement de ses fils, Thibaud et Etienne, donne à
l'abbaye de Marmoutier l'usage du bois mort et vif dans
la forêt de Chaumont, et l'eau de Fontcher, avec toute la
pêche, le bois et les prés, sauf un vivier. (Catalogue,
n° 69.)

Scimus et verum est quod, sicut aqua exstinguit [2] ignem, ita
eleemosina [3] extinguit peccatum, non solum mortuorum, sed
etiam viventium. Igitur, qui in presenti rerum secularium

---

[1] La date de cette charte ne s'accorde pas avec le temps où vécut Eudes.
Cependant il y pend « un sceau qui représente le comte Eudes à cheval tenant
une épée » (D. Housseau, loc. cit.) Gaignières (loc. cit.) dit que c'est « un
grand sceau en cire brune rougeâtre sur lacs de cuir. » Il l'a même dessiné
et nous l'avons reproduit (cf. ci-dessus l'appendice I, consacré à la diplomatique d'Eudes) : un cavalier coiffé d'un petit chaperon, vêtu d'un bliaud tombant
jusqu'aux genoux et d'un manteau jeté sur l'épaule gauche, tient d'une main
les rênes, de l'autre une épée.

Comme l'acte revêt, par suite, « des marques d'authenticité (?), » D. Housseau
imagine que « cet Eudes qui prenoit la qualité de comte, on ne sait pourquoi,
est l'un des quatre fils de Thibaud III, comte de Blois, et par conséquent petit-
fils d'Eudes II. » Cela est invraisemblable, puisqu'il y est fait mention de Hermengarde, de Thibaud et d'Etienne.

[2] 5441 : exstinguit.

[3] Id. : elemosina.

12

facultates acceperunt, largiantur ex ipsis pauperibus, ut
exinde peccatorum suorum veniam et vitam consequi merean-
tur sempiternam. Quod ego, Odo comes, mecum reputans,
fratribus qui in Majori Monasterio Deo sanctoque Martino
deserviunt, aliqua dare disposui de hiis que ab omnium
largitore, licet immeritus[1], dispensanda potius quam retinenda,
disponente ejus clementia, suscepi. Dono igitur fratribus illis
qui in Turonensi cenobio, quod Majus Monasterium[2] dicitur,
Christo proposse, sub Alberto abbate, famulantur, siccum et
viride lignum, quantum eis necessarium fuerit, in foresta mea
Calvi Montis. Dono etiam eis aquam Fontis Cari, cum omni
piscaria, et bosco, et pratis, ab omni contradictione, vel
exactione, sive consuetudine liberam et quietam, excepto
quodam vivario meo, quod michi retineo, non longe ab illa
aqua sito. Hec omnia illis concedo per deprecationem uxoris
mee Ermengardis assensuque filiorum meorum, Theobaldi et
Stephani. Hoc donum sigilli mei munimine roboravi. Actum
anno gratie millesimo octogesimo III.

(D. Housseau, III, nᵒˢ 854[3] et 850[4], — incomplet. — Lat. 5441 IV[5],
p. 108.)

XXXI[6]

Sans date. — Le comte Eudes et sa femme, Hermengarde,
donnent la redîme du froment, du vin et autres fruits de

---

[1] 5441 : *immeritus.*

[2] Id. : *Monasterio.*

[3] « Archives de l'abbaïe de Marmoutier. Titre de Foncher. »

[4] Id.

[5] Pas d'indication de source.

[6] Charte fausse, confectionnée probablement au xiiᵉ siècle. Les lettres ont
beaucoup moins de hastes qu'elles devraient en avoir. Les souscriptions, d'une
très fine écriture, sont cachées par le repli du parchemin ; la confirmation du
pape se trouve même sur la partie rabattue. Les personnages qui y figurent
ne sont pas contemporains les uns des autres : Séguin, archevêque de Sens
(977-990) et Fulbert, évêque de Chartres (1006-1028.) Alexandre II, qui est
censé confirmer l'acte à la prière du comte Eudes, ne fut pape qu'en 1061.
Pour justifier l'absence du sceau, une main du xiiᵉ siècle a écrit au dos :
« Desploiez belement que li seiax tient mauvaisement. »
Du Cange ne cite pas d'exemple de *redîme* avant le milieu du xivᵉ siècle.

Château-Thierry, aux chanoines de Notre-Dame dudit
lieu. (Catalogue, nº 70.)

In nomine sanctæ et individuæ Trinitatis, Patris et Filii et
Spiritus sancti, amen. Ego Odo, Francorum comes palatinus
et uxor mea *Ermengardis*, *notum fieri volumus*, *tam futuris*
quam presentibus, quod nos, sano usi consilio, bonorumque
virorum salubri corroborati exemplo, ea que sunt presentia
et numquam in eodem statu permanentia respicientes, et in ea
que futura sunt, scilicet que incommutabilia sunt et eterna,
nos extendentes, ob animarum nostrarum redemptionem suc-
cessorumque nostrorum salutem, partem bonorum nostrorum
Castello Theoderici pertinentium, videlicet redecimationem
annone vinique ceterarumque *frugum*, canonicis *Sancte Dei*
genitricis Marie ejusdem loci Sanctique Senerici, ad sui victus
incrementum, perpetuo jure possidendam tradidimus. Ut autem
traditio ista firmius staret, nunquamque ab ullo cassaretur,
illi qui huic traditioni nostre interfuerunt assensu et presentia
sui quod feceramus *confirmaverunt*, hujusque facti invasorem
aut perversorem quicumque ille esset, perpetuo anathemate
dampnaverunt, scilicet : Seguinus, Senonum archiepiscopus et
Hincmarus, Remorum archiepiscopus, Fulbertus, Carnotensis
episcopus, qui ad curiam meam venerant.

Hujus rei testes sunt supradicti archiepiscopi et Fulbertus
episcopus. Theodericus, ecclesie decanus. Haimericus prepusi-
tus. Erlebaldus cantor. Sasvualo, senescalcus meus. Isenbar-
dus postcomes. *Odo vicecomes.* Hezelinus miles. Gualcherus de
Boseth, et Guiboldus Dives, et Hagano de Meldis. Ego etiam,
Beroldus, Suessionensis episcopus, que prescripta sunt laudavi
et sub anathemate confirmavi, quando ecclesiam hujus loci
in honore beate Marie dedicavi.

Illud idem ego, secundus papa Alexander, Odonis gloriosi
comitis peticione, laudo et sigillo meo confirmo, et ne quis
bona ejusdem æcclesie ulterius surripere presumat, sancti
Petri Paulique auctoritate nostraque *interdico*.

(Or. Archives nationales, K. 19, nº 23.)

XXXII

Sans date. — Le comte Eudes, à la prière de Geoffroy, son
    vassal, donne à l'abbaye de Notre-Dame de Tavant des

biens situés en Touraine, près de la Vienne, et chargés
d'un cens annuel de deux sous, quatre deniers. (Catalogue, n° 71.)

In nomine summi salvatoris Dei, nos quidem, Odo gratia
Dei comes, notum hymmo et percognitum esse volumus
cunctis sancte Dei Ecclesie fidelibus, presentibus scilicet
ac futuris, præcipueque successoribus nostris, quoniam deprecatus est nos quidam vasallus hac fidelis noster, nŏmine
Gosfredus, uti ex rebus beneficii sui, quod per nostre largitionis
donum tenere videtur, hoc est super fluvium [1]... arabilis,
cum aqua e contra decurrente, Sancte Marie Tavennensi [2],
scilicet [3]... qui eundem locum tenuerint sub institutione
census annuatim red [4]... nostre auctoritatis testamentum
concederemus. Cujus deprecation [5]... recipientes, concessimus
jam dicte Sancte Marie prelibatos arpennos, cum aqua [6]...
eidem adjacenti, sitos in pago Turonico. Terminantur autem,
ex una parte, via publica, ex duabus, terra ex eodem beneficio, quarta, Vigenne fluvio; eo namque tenore prelibatam
terram vel aquam Sancte Marie concedimus, ut habeant
fratres eundem locum tenentes licenciam desuper quicquid
melius elegerint operandi, solventes annis singulis in festivi-
tate sancti Maximi, que celebratur XIII kalendas [7] septembris,
censum solidorum II et denariorum quatuor, et eis amplius
non requiratur; et si de eodem censu neglegentes quicquam
aut tardi extiterint, id ipsum ei emendare studeant, et quod
tenuerint, non ideo amittant, habeantque licentiam, si eis
necessitas extiterit, dandi vendendique cuicumque voluerint.
Ut autem hec autoritas pleniorem in Dei nomine obtineat
firmitatem, manu propria eam per signum sancte crucis adfirmavimus atque corroboravimus, et fidelibus nostris utriusque
ordinis corroborare decrevimus.

---

[1] Sic in 5441 n.

[2] D. H. : Tavennensis.

[3] Sic in 5441 n.

[4] Id.

[5] Id.

[6] Id.

[7] D. H. calendas.

S. Odonis comitis +. S. Gelduini Salmuriensis[1]. S. Gelduini Bretuliensis. S. Raimundi Blesensis. S. Girberti Bre-
nensis. S. Gauscelini Blesensis. S. Guanilonis clerici. S.
Guarini præpositi.

(Lat., 5441[11], p. 275[2]. — D. Housseau, I, n° 238[3], — incomplet.)
(Éd. Prosper Tarbé, *Examen critique et analytique de diverses
chartes relatives à la Touraine*, dans la *Revue rétrospective*,
2ᵉ série, t. IX[4], pp. 38–9.)

XXXIII

Sans date. — Bertrand et Léhelde, sa femme, donnent leurs
    alleus et tous leurs autres biens, après leur mort, à
    l'église de Saint-Florent de Saumur. — Eudes confirme
    et souscrit. (Catalogue, n° 72.)

Propiciante omnium domino Christo quorunque fidelium
augentur vota, pro quibus felicem sortiantur remunerationem
peccatorumque suorum absolutionem si ab eisdem non diffe-
rantur reddenda. Quapropter ego Bertrannus, cupiens a
piissimo conditore nostro Deo percipere peccatorum meorum
remissionem, cum conjuge mea *Lehelda, statui* de his omnibus
quæ largiente nobis hereditario permanent jure, videlicet
alodis, seu quæcunque in aliquibus rebus possidere videmur,
hæredem fieri æcclesiam vel locum Sancti Florentii, scilicet
ut, post discessum nostrum, cuncta ad ejusdem ecclesiæ vel
loci transeant dominium, qu. tenus apud Deum obtinere
valeamus nostrorum veniam peccaminum. Si quis vero, quod
absit, ex his aliquid surripere, vel hanc voluerit kartulam,
Odonis comitis ac nobilium virorum subscriptione firmatam,
infalsare, omnium sanctorum præ damnationem patiatur
votorum, atque a justo judice Deo futuri judicii sentiat
ultionem.

S. Odonis comitis. S. Bertranni. S. *Leheldis, uxoris ejus.*

(Bibl. de Tours. Legs Salmon, mns. 1171, p. 56[5].)

---

[1] D. H. : *Salmurensis.*
[2] Pas d'indication de source.
[3] Id.
[4] T. XIV de la série unique.
[5] « *Livre noir de Saint-Florent de Saumur*, ch. 30, f° 19 r° et v°. »

XXXIV

Sans date. — Gosselin, fils de Herminsende de Tours, vend
trois quartiers de vigne à Renaud, qui les donne à
l'église de Saint-Martin dudit Tours. — Eudes assiste à
la vente et confirme la donation. (Catalogue, n° 73.)

Universi noverint[1]... quod Goscelinus, filius Herminsendis,
de civitate Turonica, III quarterios vineæ[2].... Rainaldo
juveni vendidit : et venditio hæc in præsentia facta est comitis
Odonis. Postea vero, idem Rainaldus emptionem hanc[3]...
Sancto Martino donavit. Et ut hæc donatio firmioris esset
auctoritatis, præfatus comes Odo, in suas eam manus ex
Sancti Martini parte suscepit.

Testes sunt : Guanilo thesaurarius. Gilduinus Brituliensis.
Harduinus, filius ejus. Dado de Sancto Aniano. Bernardus,
Bencelini filius. Nevelo. Gilduinus Salmurensis.

(D. Housseau, XII n, n° 6715 [4].)

---

[1] *Sic in* D. H.

[2] Id.

[3] Id.

[4] *Excerpta ex cartul. Turon. Maj. Mon. Cod. prim., pag. 66, f° v°.*

ADDITIONS ET CORRECTIONS

P. 11. Supprimer la mention relative au docteur Bigot et compléter par les indications suivantes la bibliographie des documents imprimés : « Bouillevaux, *Les Moines du Der*, Montier-en-Der, 1845, in-8° ; — *Bulletins de la Société Dunoise*, t. II, 1870-74, Châteaudun, in-8° ; — Labande, *Histoire de Beauvais et de ses institutions communales jusqu'au commencement du XV⁰ siècle*, Paris, 1892, in-8° ; — Lalore, *Collection des principaux Cartulaires du diocèse de Troyes*, t. IV, Troyes et Paris, 1878, in-8° ; — Loisel, *Mémoires des pays, villes, comtés, évêchés et évêques de Beauvais et Beauvoisis*, Paris, 1617, in-4° ; — Métais, *Marmoutier, Cartulaire Blésois*, Blois, 1889-91, in-8°. »

Id. Remplacer par l'indication bibliographique suivante celle qui suit le nom de Pithou : « *Coustumes du bailliage de Troyes*, Troyes, 1628, in-8°, et Paris, 1629, in-4°. »

P. 15, l. 1. Au lieu de « Thibaud » ... « Thibaud », lire « Thibaut » ... « Thibaut ».

Id., n. 1, l. 3. Au lieu de « c'est une », lire « c'est formuler une ».

P. 17, n. 7, l. 5. Au lieu de « Kalcsktein », lire « Kalckstein ».

P. 18, n. 2, l. 3. Au lieu de « *op. cit.* », lire « *Les derniers Carolingiens*, Paris, 1891, in-8° ».

Id., *ibid.*, l. 4. Au lieu de « cet Herbert », lire « ce Herbert ».

P. 20, n. 6. Au lieu de « n° 21 », lire « n° 23 ».

P. 23, n. 3. Au lieu de « n° 14 », lire « n° 13 ».

P. 26, n. 6, l. 2. Au lieu de « n° 62 », lire « n° 63 ».

P. 33, l. 3. Au lieu de « signicatif », lire « significatif ».

P. 35, n. 4, l. 1. Au lieu de « n° 26 », lire « n° 27 ».

P. 39, n. 6, l. 7. Au lieu de « n⁰ˢ 40 et 43 », lire « n⁰ˢ 41 et 44 ».

P. 40, l. 14. Au lieu de « en mains », lire « en main ».

P. 42. Suppléer au chiffre de renvoi de la note 7 qui est tombé.

P. 45, l. 14. Au lieu de « Robert », lire « Robert, le troisième ».

P. 47, n. 8, l. 2. Au lieu de « Lansberger », lire « Landsberger ».

P. 55, n. 2. La note 2 doit s'arrêter après « p. 427 », et il faut reporter ce qui suit à la note 4.

P. 56, n. 5. Au lieu de « n° 24 », lire « n° 25 ».

P. 61, l. 2. D. Housseau emploie la forme *Acta*, mais le manuscrit (Bibliothèque du Mans, n° 224) porte *Actus*.

P. 66, l. 21. Au lieu de « brêche », lire « brèche ».

P. 71, n. 4, l. 2. Au lieu de « épiscopal », lire « archiépiscopal ».

P. 73, l. 14. Au lieu de « Odo Tebaldi », lire « Odo, Tebaldi ».

Id., n. 2, l. 5. Au lieu de « sammelten' und », lire « sammelten, und ».

P. 81 et suiv., *passim*. Au lieu de « l'adresse », lire « la notification ».

P. 83, l. 7. Au lieu de « le qualificatif », lire « la désignation ».

P. 84, n. 4. Au lieu de « 47 », lire « 48 ».

P. 85, l. 15. Au lieu de « ecclesiæ », lire « Ecclesiæ ».

Id., n. 11, l. 4. Au lieu de « ce que Eudes », lire « ce qu'Eudes ».

P. 88. Suppléer au chiffre de renvoi de la note 5 qui est tombé.

P. 97, l. 2. Au lieu de « 976-1047 », lire « 977-1031 ».

P. 99 et p. 124. Compléter par le mot « Paris » la date de l'acte n° 3 et de la pièce n° III.

P. 101 et p. 131. Dans l'analyse de l'acte n° 9 et de la pièce n° VII, au lieu de « Hugues de Saint-Maurice, doyen du chapitre de l'église de Tours », lire « Hugues, doyen du chapitre de l'église Saint-Maurice de Tours ». Saint-Maurice était alors le nom de la cathédrale, qui, aujourd'hui, s'appelle Saint-Gatien. — Dans la même analyse, au lieu de « reçu », lire « reçus. »

P. 102 et p. 134. Compléter par le mot « Angers » la date de l'acte n° 12 et de la pièce n° IX.

P. 102, acte n° 13. Longueville est un hameau de Saint-Pierre-d'Autils, c°⁰ de Vernon (Eure).

P. 103, acte n° 15. Au lieu de « Jean XVII », lire « Jean XVIII ».

P. 103 et p. 104, actes n°⁵ 16 et 20. Au lieu de « Aubineau, *Mém.* », lire « Aubineau, dans *Mém.* »

P. 111 et p. 152, acte n° 40 et pièce n° XIX. M. l'abbé Métais (cf. ci-dessous) identifie (p. 529) le lieu dit *ad Pasnerias* (les Panières) avec *Pasnelles*, c°° de Monteaux, c°⁰ d'Herbault (Loir-et-Cher).

P. 113, acte n° 49. Au lieu de « Notre-Dame-de-Coulombs », lire « Notre-Dame de Coulombs ».

P. 115. Intervertir l'ordre des notes 6 et 7.

P. 116 et p. 155. *Compléter par le mot « CHARTRES »* la date de l'acte nº 58 et de la pièce nº XXII.

P. 120, acte nº 74. M. l'abbé Métais (cf. ci-dessous) dit (p. 517) : « Blémars, entre Moran et Onzain, partie de forêt près Blois, qui s'étendait jusque dans le département d'Indre-et-Loire ».

P. 121. Nos pièces justificatives étaient sous presse quand notre confrère, M. *Bourgeois,* archiviste du département de Loir-et-Cher, a bien voulu nous signaler l'achèvement de la publication du *Cartulaire Blésois de Marmoutier,* par M. l'abbé Ch. Métais (1889-91).

On y trouve (pp. 8 et 9, 10, 11, 12 et 13, 65 et 66) le texte des actes que nous avons catalogués sous les nº⁵ 1, 10, 40, 48, 69, et dont quatre sont imprimés parmi nos *Pièces justificatives* (I, VIII, XIX, XXX). Le sceau du comte Eudes, que nous avons reproduit (p. 87), s'y voit également (pl. X).

L'ouvrage de M. l'abbé Métais est malheureusement très défectueux. Il nous suffira de citer un exemple de la façon dont cet auteur a compris sa tâche. La charte relative au tonlieu du port de Blois *(Pièces justificatives,* VIII) est récemment entrée aux Archives de Loir-et-Cher avec le fonds de la Saussaye (Métais, *op. cit.,* p. 10, n. 1). Nous avons publié ce document d'après la copie de Dom Martène, qui, — nous venons d'ailleurs de la collationner, — est assez fidèle. M. l'abbé Métais, au lieu d'imprimer l'original, a évidemment reproduit une mauvaise transcription moderne, dans laquelle la plupart des seings ont été travestis et dénaturés à plaisir.

Id., l. 5. Au lieu de « diphtongue », lire « diphthongue ».

P. 123, pièce II, l. 3. Au lieu de « ecclesiæ », lire « Ecclesiæ ».

P. 126, pièce IV. *Fons Merlandi* est sans doute *Mesland,* cᵒⁿ d'Herbault (Loir-et-Cher).

P. 128, l. 27. Au lieu de « fratis », lire « fratris ».

P. 129, pièce VI, l. 10. Au lieu de « unacum », lire « una cum ».

Id., n. 9. Au lieu de « *page* », lire « *pag.* »

P. 133, pièce VIII. Nous avons pu collationner avec l'original de cette charte la copie de Dom Martène que nous publions. Il y a peu de variantes à signaler. On lit difficilement *Dagbertus* dans le second seing. Le nom d'*Arnolfus* est suivi de επς. Enfin, il faudrait noter par ∈ les initiales d'*Ervisus* et d'*Erveus.*

P. 138, n. 11. Au lieu de « *deest* », lire « deost ».

P. 153, pièce XIX. Aj   une troisième croix sous les mots « S. Rotberii, prepositi Bles   ». Supprimer, en conséquence, la réflexion qui suit, p. 87, la note 2.

P. 157, l. 4. Au lieu de « *Hilduini filii* », *lire* « Hilduini, filii ».

P. 158, pièce XXIV, l. 2. Au lieu de « cælestia », lire « cœlestia ».

P. 161, l. 11. Au lieu de « Fratibus », lire « Fratribus ».

P. 167, l. 25. Identifier *Siscia* avec la Cisse, riv.

P. 168, l. 12. Au lieu de « Theodorici », lire « Theoderici ».

INDEX

DES NOMS DE LIEUX

INDEX

DES NOMS DE PERSONNES

———

13

Robert, prétendu fils d'Eudes I⁰⁰, Robertus, 60, 61, 125.
Robert I⁰⁰, roi de France, 16.
Robert II le Pieux, roi de France, Rotbertus, *alias* Robertus, Francorum rex, 9, 20-3, 27, 28, 34-9, 41, 44, 45, 62-4, 70-1, 76, 77, 83, 89, 100, 103, 105-9, 111, 113, 114, 131, 133, 136, 140, 147.
Robert, vicomte de Blois, Robertus, Blesensium vicecomes, 60, 61, 99, 124, 125.
Robertus, *alias* Rotbertus, abbas Sancti Florentii (Salmurensis), 123, 135.
Rodbertus, 61.
Rodbertus, *alias* Rotbertus, 127, 129.
Rodbertus, *alias* Rotbertus, vicecomes, 143.
Rodbertus. V. Radbertus, Rotbertus, Rothberthus, Rothbertus.
Rodgerius. V. Rotgerius.
Rodolphe III, roi de Bourgogne, Rodulfus rex, 47, 48, 77, 78.
Rodulfus, 133, 134, 143.
Roger de Tony, 27.
Roger, évêque de Beauvais, 35, 107.
Roger, évêque de Châlons, 54.
Roger le Diable, seigneur de Montrésor, 33.
Rollon, duc des Normands, 14.
Rotbertus, 122, 124, 131.
Rotbertus clericus, 122.
Rotbertus, *alias* Robertus, Mutus, 146.
Rotbertus, prepositus Blesensis, 153, 168, 177.
Rotbertus. V. Radbertus, Robert, Rodbertus, Rothberthus, Rothbertus.
Rotgerius, 147.
Rotgerius, *alias* Rodgerius, frater Gelduini, 143.
Rothberthus, 134.
Rothbertus, *alias* Rotbertus, 131.
Rotrochius, 122.
Rotrocus, 133. — V. Constantius.
Rotrocus Normannus, 125.

Salomon de Labarzinio, 164.
Sancelinus, filius Gausberti de Malliaco, 158.
Sanctio, 131.

Sansgualon, sénéchal d'Eudes II, Sasvualo senescalcus, 93, 171.
Sebier serf, 114.
Séguin, archevêque de Sens, Seguinus archiepiscopus, 170, 171.
Senegundis, 124.
Senegundis, femina Alonis, 139, 140.
Sielduinus, 133.
Sigefridus, 168.
Sigo, 168.
Sigo, *alias* Signo, canonicus, 157.
Sigo cantor, 156.
Stephanus subcantor, 157.
Suénon, 27.
Sulion clerc, Sulio clericus, 109, 146.
Sulpice de Buzançais, trésorier de Saint-Martin de Tours, 31.
Sulpice, seigneur d'Amboise, trésorier de Saint-Martin de Tours, 44.
Suzanne, femme d'Arnoul, comte de Flandre, puis de Robert le Pieux, 63.

T......, 168.
Tado, *alias* Dado, 122.
Tehaldus. V. Thibaud.
Tedasius, 159.
Tedasius, Thedasius, Tedaschus. V. Tiais.
Tedbaldus, frater Harduini militis, 146.
Tedbaldus. V. Thibaud.
Teduinus, 122.
Teodbaldus, Teohtbaldus, Teotbaldus, Teothbaldus. V. Thibaud.
Teodericus Gaillardus, *alias* Theodericus Guaillardus, 152.
Teodericus. V. Theodericus et Thierry.
Tesselinus clericus, 168.
Tetbaldus Rex, 167, 168.
Tetbaldus, Tetbaudus. V. Thibaud.
Teutbaldus, 122. — V. Thibaud.
Teutbrannus, 124.
Theobaldus, Theodbaldus, Theodbaudus. V. Thibaud.
Theodericus, (ecclesiæ Castelli Theoderici) decanus, 171.
Theodericus episcopus, 168, 177.
Theodericus. V. Teodericus et Thierry.
Thibaud, archevêque de Vienne, 74, 75.
Thibaud III, comte de Blois, 169.
Thibaud de Tours, 15, 16.

INDEX

DES NOMS D'AUTEURS

—

TABLE

—

‿᪡᪠᪡᪠᪠᪠‿

Extrait des Mémoires de la Société Académique de l'Aube.
Tome LV. — Année 1891.